Christliches Verlagshaus GmbH
Stuttgart

Inhaltsverzeichnis

Seite

Ortsregister — 6

Einführung — 7

Erster Tag: — 10

Lod – Yafo – Tel Aviv – Ashdod – Ashqelon – Yad Mordekhay – Qiryat Gat – Emeq Ha Ela – Jerusalem

Zweiter Tag: — 22

Jerusalem: Gartengrab – Grabeskirche – Schädelstätte – Gethsemane – Skopusberg – St. Stephans-Tor – Teich Bethesda – Gabbatha – Klagemauer – Tempelplatz

Dritter Tag: — 40

Jerusalem – Eizariya (Bethanien) – Jordantal – Totes Meer – Qumran – En Feshkha – En Gedi – Massada – Be'er Sheva – Hebron – Bethlehem

Vierter Tag: — 60

Jerusalem: Israel-Museum – Schrein des Buches – Berg Zion – Herzl-Berg – Hadassah-Hospital – Yad VaShem – Knesset – Menorah – Holy-Land-Hotel mit Jerusalem-Modell – Ausgrabungen im Tempelbezirk

Fünfter Tag: — 70

Jerusalem – Bira – Bethel – Jordantal – Tel es-Sultan – Jericho – Berg der Versuchung – Ölberg

Sechster Tag: — 86

Jerusalem – Qubeiba (Emmaus) – Shufat (Gibea) – Silo – Askar (Sychar) – Shekhem (Nablus) – Sabastiya (Samaria) – Bet She'an – Gilboa – Tiberias

Siebter Tag: — 96

Tiberias – En Gev – See Genezareth – Kefar Nahum (Kapernaum) – Berg der Seligpreisungen – Tabhgah – Kirche »Petri Geheimnis« – Zefat (Safed) – Hula-Tal – Dan – Banyas (Cäsarea Philippi) – Masada – Golan-Höhen

Achter Tag: — 114

Tiberias – Hittim – Kana – Nazareth – Haifa – Karmel – Megiddo – Cäsarea – Lod

Nachwort — 126

Register der Ortsnamen

Soweit der Text der Lutherbibel (1956/64) für heute noch bestehende Orte einen anderen Namen oder eine Abweichung aufweist, wird im Alphabet auf die offizielle israelische Schreibung verwiesen. Das gleiche gilt für andere gängige Ortsbezeichnungen – Beispiele: Joppe = Yafo; Jaffa = Yafo.

	Seite		Seite
Arad	53	Schrein des Buches	60
Asdod = Ashdod		Berg Zion	62
Ashdod	17	Herzl-Berg	63
Ashqelon	17	Hadassah-Hospital	63
Askalon = Ashqelon		Yad VaShem	63
Askar	88	Knesset	63
Banyas	110	Holy-Land-Hotel	66
Beerseba = Be'er Sheva		Ölberg	84
Be'er Sheva	54	Kirche »Dominus Flevit«	84
Beitin	70	Joppe = Yafo	
Bethabara	42	Jordan und Jordantal	42, 74, 75
Bethanien = Eizariya		Kafr Kanna	114
Bethel = Beitin		Kana = Kafr Kanna	
Bethlehem	55	Kapernaum = Kefar Nahum	
Bethphage	84	Karmel	119
Bet-Schean = Bet She'an		Kefar Nahum	102
Bet She'an	92	Keren HaKarmel	119
Bira	70	Kinneret	96, 102
Cäsarea	123	Lachisch = Lakhish	
Cäsarea-Philippi = Banyas		Lakhish	20
Dan	110	Lod	10, 126
Ebal	88	Lydda = Lod	
Eizariya	40	Machpelah	55
Emeq Ha Ela	20	Mahanajim	42
Emmaus = Qubeiba		Masada	112
En Feshkha	48	Massada	49
En Gedi	48	Megiddo	122
En Gev	101	Mezada = Massada	
En Kerem	63	Muhraqa = Keren HaKarmel	
Esdrelon-Ebene	81	Nablus = Shekhem	
Galiläa	101	Nazareth = Nazerat	
Galiläisches Meer = Kinneret		Nazerat	116
Garizim = Gerizim		Qiryat Gat	20
Gat = Qiryat Gat		Qubeiba	86
Gaza	20	Qumran	43
Gerizim	88	Sabastiya	91
Gibea = Shufat		Safed = Zefat	
Gilboa	95	Samaria = Sabastiya	
Golan-Höhen	96, 112	See Genezareth = Kinneret	
Haifa	119	See Tiberias = Kinneret	
Hebron	54	Shekhem	88
Hula-Tal	110	Shufat	88
Jabbok	42	Silo	88
Jaffa = Yafo		Skythopolis = Bet She'an	
Jericho	79, 83	Sodom	53
Jerusalem	22, 60, 84	Sychar = Askar	
Gartengrab	22	Tabhgah	109
Schädelstätte	24	Tel Aviv	12
Gethsemane	25	Tel es-Sultan	79
Skopusberg	30	Teverya = Tiberias	
St. Stephans-Tor	30	Tiberias	96
Teich Bethesda	31	Totes Meer	43
Gabbatha	32	Yad Mordekhay	18
Klagemauer	35	Yafo	10, 14
Tempelplatz	36, 68	Zefat	109
Israelmuseum	60		

Einführung

Die Straßen der Welt haben immer nach Israel geführt. Abraham war einer von vielen, die mit Sippe und Karawane um den »Bogen des fruchtbaren Halbmondes« reisten, um ein verheißenes Land zu finden. Die Kriegsherren aller Zeiten, von dem ägyptischen König Thutmosis III. bis zu dem englischen General Allenby, haben beim Durchzug oder bei der Verfolgung von Feinden die antike Straße von Gaza nach Megiddo oder nach Tyrus benutzt.

Auch die Reiseliteratur hat Tradition. Der heilige Hieronymus beschrieb die Pilgerreise der heiligen Paula im Jahre 382. Der erste Reiseführer »Informationen für Pilger ins Heilige Land« wurde von Wynkyn de Worde gedruckt, kurz nachdem Kolumbus aus der Neuen Welt zurück war.

Die Kaiserin Helena kam fünfzig Jahre nach Paula und suchte nach den heiligen Stätten. Der Strom der Pilger floß weiter in all den Jahrhunderten, in Krieg und Frieden: Prominente Eiferer und verkrachte Existenzen, die auf ihrem Weg quer durch Europa auf ihren Lebensunterhalt bedacht waren, zog es in die »Sainte Terre«.

Zu Land, Luft und See sind die Pilger heute noch nach Israel unterwegs; die Jungen vielleicht mit Rucksäcken auf dem Rücken und auf der Suche nach Abenteuer; zum Dienst in diesem oder jenem Kibbuz; oder zum Studieren an einer der angesehenen israelischen Universitäten, um eine Saison lang in einem der vielen Ruinenhügel zu graben. Die große Mehrheit freilich fällt in Gruppen ein, pastoral betreut und unterwiesen, sicher geführt und wohl gebettet bei Nacht.

»Für die Jüngeren ist Reisen ein Teil der Erziehung; für die Älteren ein Teil der Erfahrung.« Francis Bacon hat es gesagt, und damit rechtfertigt sich das Reisen für alle Lebensalter. Und wohin sollten Christen mehr reisen als in das Land, wo sie die Wiege ihres Glaubens entdecken können? Freilich: die Geographie des Alten und des Neuen Testaments reicht weiter als das Land Israel – selbst als seine äußersten Grenzen. Aber dennoch werden Sie hart arbeiten müssen, um das zu sehen, weswegen Sie gekommen sind. Sie müssen zuvor planen und lesen und immer die Worte eines erfahrenen Reisenden bedenken: »Beim Reisen muß man Wissen mitbringen, wenn man Wissen heimbringen will.«

Natürlich dauert es Monate oder Jahre, bis man ein Land kennt, bis die Sprache Sinn bekommt und bis man die Feinheiten des Lebens entdeckt, die sich einem nur öffnen, wenn man Freunde gewinnt und wenn auf die Straßen Fußwege folgen. Nichtsdestoweniger ist es eine Tatsache, daß starke Eindrücke einer Stadt oder eines Ortes von antikem und historischem Interesse von einem vorinformierten und intelligenten Menschen auch bei einem kurzen Besuch empfunden und aufgenommen werden können. Mit Hilfe einer Kamera und sorgfältigen täglichen Eintragungen in das Tagebuch kann vieles eingefangen und für später bewahrt werden.

Es lohnt sich darum ohne Zweifel, sich auf abenteuerliche Israel-Ferien einzulassen, sich mit den hohen Kosten abzufinden (alle Dinge sind teuer in einer inflationsgeplagten Welt) und wenigstens eine Woche dem Heiligen Land zu widmen. In 8 Tagen kann man Israel »von Dan bis Be'er Sheva« zumindest wahrnehmen, wenn auch nicht aufsaugen.

Schließlich ist es ein kleines Land. Der Teil, der bei unserer Reise in Augenschein genommen wird, schließt nicht den Negev und die Sandwüste im Süden von Be'er Sheva ein, die auf dem Rückzug ist vor den wissenschaftlichen Anbaumethoden der Welt. Eingeschlossen ist dagegen der Westen des Golan ebenso wie die Westseite des Jordantals. Die Größe dieses Gebiets ist vergleichbar mit dem österreichischen Bundesland Kärnten, der Insel Kreta oder was immer man wählen will.

Infolge einer sich durch das ganze Land ziehenden Bergkette und der langen Talspalte, der Narbe eines vorgeschichtlichen Erdrisses, ist in diesem kleinen Gebiet eine größere Vielfalt von Klima, Geologie, Geographie und Geschichte konzentriert als in irgendeinem ähnlich großen Gebiet der Erdoberfläche. Das Land erhebt sich etwa bis zu 1200 m bei Zefat in Galiläa und sinkt bis zur Tiefe des niedrigsten Punktes der Erde, wo das Tote Meer in der Erdspalte bis 398 m unter dem Spiegel des Mittelmeeres liegt. Die üppige Küstenebene, die kahlen Berge Judäas, das zerklüftete Hochland von Galiläa, die kleine fruchtbare Jesreel-Ebene, zu der die Westwinde ihren Weg von Haifa nach Bet She'an durchfinden – sie alle bilden zusammen ein abwechslungsreiches Muster der Erdoberfläche, wie es kaum irgendwo anders auf so kleinem Raum gefunden wird.

Die über die Landschaft verstreuten Ruinenhügel sind oft aufgeschichtete Historie von der Steinzeit bis zu den Kreuzzügen. Die Menschen der Jungsteinzeit kannten die Höhlen der Karmelkette – lange ehe Elia dort Zuflucht fand. In manch einem Tel (so nennt der Archäologe einen Ruinenhügel, unter dem ein Ort begraben liegt) kann man an den Seitenwänden Berichte von archäologischen Probegrabungen lesen, die besagen, daß dort weitere Schichten antiker Perioden unter der Ausgrabung der hebräischen Besetzung liegen. Wenn man zum Beispiel die Küste bei den Klippen von Ashqelon entlanggeht, die die Ägypter lange vor den Philistern kannten, dann ist dieser Weg mit Tonscherben übersät, die so alt sind wie das Land. In Cäsarea vermischen sich die Steinmetzarbeiten des Herodes mit denen der Kreuzfahrer. Es ist ein »ausgetretenes« Land, das die großen Weltreiche am Euphrat und am Nil je nachdem als Korridor oder als Puffer angesehen haben und das entferntere Mächte klar als strategisch lebensnotwendig für sich reklamiert haben: die Namen Augustus, Alexander und Napoleon stehen stellvertretend dafür. Israel liegt sozusagen quer über den Straßen, die drei Kontinente miteinander verbinden. Deswegen hat, wie es Palästinas großer Geograph,

George Adam Smith, so klar erkannt hat, das Land ein Volk hervorgebracht, das in den Gesetzen, die den Aufstieg und Fall der Nationen bestimmen, erfahren ist.

Die Grenzen von heute gehen über Wege, denen man nur zu gerne folgen würde. Jesus und seine Jünger folgten allen Pfaden von Galiläa bis zum antiken Hafen von Tyrus. Elia wagte sich noch weiter vor und fand in der Nähe von Sidon Zuflucht. Die Straße nach Damaskus wird heute von der Waffenstillstands-Linie zwischen Syrien und Israel unterbrochen und, während ich dies schreibe, von Soldaten der Vereinten Nationen bewacht. Niemand weiß, ob Paulus den Lichtstrahl auf der oder jener Seite dieser Linie gesehen hat. Die Öffnung zur Jabbok-Schlucht, wo Jakob rang und über die sich David auf der Flucht vor Absalom in das Land seiner Unterstützer zurückzog, kann man nur über Stacheldraht hinweg sehen.

Aber lassen Sie uns endlich zur Reise selbst kommen. Natürlich kann die Route verändert oder abgekürzt werden. Ausdehnen kann man sie kaum, denn sie ist so entworfen, daß sie harte Arbeit bedeutet. Tagsüber auszuruhen ist auf solchen Reisen zu kostspielig. Deswegen sollte man an Übernachtung, Abendessen und Frühstück nicht sparen. Das Mittagessen kann man nebenbei erledigen – es sollte nicht zuviel Zeit in Anspruch nehmen. Die Kleidung sollte bequem und der Jahreszeit angepaßt sein. Israel ist bis jetzt noch kein Land für Wanderer und Camper.

Erster Tag

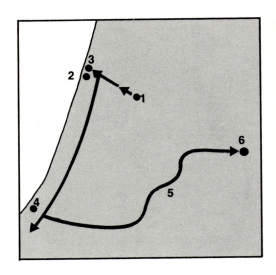

① Lod – ② Yafo – ③ Tel Aviv – Ashdod – ④ Ashqelon – Yad Mordekhay – Qiryat Gat – ⑤ Emeq Ha Ela – ⑥ Jerusalem

Die Welt ist kleiner geworden. Wenn man seine Flüge sorgfältig abstimmt und keine unglücklichen Verzögerungen erlebt, kann man Israel innerhalb eines Tages von jedem Teil der Welt erreichen. Der deutsche Reisende wird von der See her anfliegend auf dem Ben Gurion-Flughafen landen. Tel Aviv, das man durch die Fenster erspäht, kommt einem erstaunlich groß vor. Die steinige, schokoladenbraune Erde saust vorbei, und innerhalb kürzester Zeit befindet man sich in der gewölbten Eingangshalle. Die Formalitäten dauern nicht lange. Es ist die Ausreise aus Israel, die viel Geduld erfordert.

Flughafen Lod

Ihr israelischer Führer und Ihr Bus werden Sie bereits erwarten; denn wie kompetent und informiert Ihr Gruppenleiter auch sein mag (und er muß es sein): ein israelischer »Guide« ist unerläßlich. Sie wollen alles Wichtige über eines der interessantesten Länder der Welt erfahren, und es ist gut, wenn Ihr Führer weiß, daß Sie eine aufgeschlossene und interessierte Gruppe sind. Er soll die Standard-Witze auslassen und Sie konkret über Israel informieren, über seine antike und seine moderne Geschichte, über seine Politik und seine Ziele.

Sie sind in Lod, dem antiken Lydda, gelandet, an der Mündung des Tales von Ajalon. Die Straße nach Joppe – heute Yafo, bei uns mehr unter dem Namen Jaffa bekannt – folgte dem »Tal der Schmiede«, so genannt nach dem Eisenmonopol der Philister (1. Sam. 13, 19). In Lydda heilte Petrus den gichtbrüchigen Äneas (Apg. 9, 32–35). St. Georg war der Schutzheilige dieser Stadt. In alter Zeit wurde sein Grab hier von den Pilgern aufgesucht. Die Kreuzfahrer bauten eine Kathedrale darüber, die Saladin dann abriß und die von Richard Löwenherz wieder aufgebaut wurde. Einige wenige Steine kennzeichnen den Ort. Wir werden den Heiligen Georg noch einmal in Jaffa wiedertreffen, wo griechische und Philister-Traditionen miteinander verknüpft sind.

Lod

Als Petrus sich mutig in die Küstenebene vorwagte, war Joppe sein Anlaufpunkt. Wo heute Tel Aviv, das Symbol des modernen Israel, unter Smog liegt, gab es damals nur wüste Sanddünen; sie blieben bis in dieses Jahrhun-

Bild rechts: Wohnviertel in Tel Aviv – ein Stück des modernen Israel.

Tel Aviv

dert. Vielleicht müssen Sie durch die Stadt oder zumindest ihre Vororte fahren; den besten Blick auf Tel Aviv hat man von Yafo aus, so wie man Haifa am besten von den Karmelhängen aus sieht. Kühne moderne Städte kann man indessen überall sehen mit ihren Wohnblocks, ihren hochkantstehenden Streichholzschachteltürmen aus Glas, ihrem Stahl und Beton. Die Augen und die Gedanken sind ihrer überdrüssig. Wir sind Pilger, sind auf den Spuren der Geschichte und haben viel zu wenig Zeit, um uns mit anderen Dingen zu belasten.

Über die Philister

Da wir den größten Teil des Tages im Land der Philister sein werden, soll ein Wort über diese aus Europa stammenden Eindringlinge gesagt werden, nach denen Palästina genannt worden ist. Ihr Herrschaftsgebiet war der fruchtbare Streifen zwischen den Küstendünen und der Hügelkette. Die Geschichte dieses energischen Volkes findet sich verstreut in den frühen Büchern der Bibel. Möglicherweise war schon in den Tagen der Patriarchen eine kleine Philistersiedlung im Land; denn die Hirten Isaaks stießen mit ihnen wegen der Wasserrechte zusammen (1. Mose 26, 20). Das war ein schlimmes Vorzeichen der Dinge, die kommen sollten.

Bild unten: Tel Aviv bei Nacht, vom Meer her gesehen.

Im zwölften Jahrhundert vor Christus waren die »Seeleute«, wie die Ägypter sie nannten, eine Bedrohung für alle, die am östlichen Ende des Mittelmeeres lebten. Sie griffen die Hethiter und die Ägypter an. 1188 v. Chr. schlug Ramses III. einen großen Angriff zurück. Der Bericht darüber befindet sich auf den Wänden des Tempels von Karnak. Die Eindringlinge werden anschaulich dargestellt und ähneln in ihrer Erscheinung den Kretern. Man ist sich auch ziemlich einig, daß die Philister aus der Ägäis kamen und ganz oder teilweise aus Kreta stammten. Jedenfalls hatten sie sich zur Zeit Simsons, des großen, wenn auch nicht untadeligen Helden, in fünf Städten festgesetzt: Ashdod, Askalon, Ekron, Gaza und Gat. Aus der Geschichte von Wen Amon, dem unglücklichen Priester, der im elften Jahrhundert nach Byblos hinaufging, um Zedern zu holen, und der einige traurige Abenteuer erlebte, die er in einem unterhaltsamen Papyrus drollig erzählt, ist klar, daß sich die Kontrolle der Philister über das ganze Küstengebiet erstreckte.

In Simsons Tagen kam es zur Konfrontation. Es war sozusagen der erste bewaffnete Zusammenstoß zwischen Asien und Europa. Während die Hebräer von Osten über die Hügel vordrangen, kamen die Philister von der See her (Richter 13,1).

Die Kultur der Philister war der ihrer Rivalen überlegen. Die minoische und mykenische Kultur des Mittelmeerraumes hatte sie mit geformt. Sie liebten freilich grausame Belustigungen, wie ihre Behandlung des geblendeten Simson zeigt. Wenn Delila den zierlichen Damen auf den Knossos-Fresken in Kreta ähnlich war, kann man sich leicht vorstellen, welche Faszination sie auf einen einfachen hebräischen Jungen ausgeübt haben mag und wie die Bewunderung der eleganten Philister für Simsons physische Kraft diesen den Kopf verdreht hat. Sie waren kräftige Zecher, meint der Archäologe W. F. Albright in einer Bemerkung zu den Bierkrügen mit einer Siebtülle zum Zurückhalten der Gerste, die man sehr häufig in erhaltenen Tonscherben findet. Simson muß betrunken gewesen sein und sein Gelübde vergessen haben, wofür das lange Haar nur noch ein Symbol war, als Delila seine Locken abschnitt. Eine traurige Geschichte, über die nachzudenken auf dem Weg nach Joppe sich lohnt (Richter 14–16).

Brauchbare Häfen sind an der offenen Küste des östlichen Mittelmeeres nicht zu finden. Deswegen wurde jede Landformation, die nur ein bißchen Schutz bot, von den Seefahrern begierig in Anspruch genommen. Der Karmel bietet Haifa aus einer Richtung Schutz. In Joppe sorgten die ausgewaschenen Reste einer ähnlichen geologischen Form mit einem Kreis von Riffen vor der Küste für eine Art Hafen. In antiken Zeiten waren die Riffe wahrscheinlich ein viel besserer Schutz für vertäute Schiffe als heute, auch wenn sie nicht mehr als ein von Rillen überspülter Ausbiß in der flachen See sind.

Heute geht Yafo unmittelbar in Tel Aviv über. Seine alten Häuser und engen Straßen stehen in starkem Kontrast zur stolzen, modernen Uferfront der geschäftigen israelischen Stadt. Hier kann man eine gute Aufnahme machen, wobei der Leuchtturm von Yafo für Tiefenschärfe sorgt.

Yafo

Es ist alter Boden. Yafo rühmt sich, die älteste Hafenstadt der Welt zu sein. Sie wird in der Tributliste Thutmosis III. erwähnt, jenes dynamischen Pharaos, der den ersten in der Geschichte berichteten Feldzug führte, – gemeint ist sein Vorstoß nach Norden gegen die Hethiter am Orontes. Es war 1472 v. Chr., und die ägyptische Macht war danach zwei Jahrhunderte lang an der Küste vertreten. Das Gebiet war bei der hebräischen Landnahme Dan zugeteilt worden, aber der Stamm konnte es nicht gegen die Philister halten. Die Hebräer haben den Hafen niemals erfolgreich kontrollieren können, bis es zur Besetzung durch die Makkabäer kam, jener großen jüdischen Befreiungsbewegung zwischen den beiden Testamenten.

Joppe wird im Neuen Testament in Apg. 9 und 10 erwähnt als Ort, an dem es schon früh eine christliche Gemeinde gab. Das Christentum folgte den Handelsstraßen, und bei der Zerstreuung der Jerusalemer Gemeinde hatten die Christen die Straße nach Westen eingeschlagen, sich in Lydda am Rande der palästinensischen Küstenebene niedergelassen oder 18 km weiter am Meer bei Joppe. Der Apostel Petrus hatte seine Reise in dieses alte Philisterland unternommen, um die Emigrantengemeinden im Glauben zu stärken.

Im Alten Testament wird Joppe dreimal erwähnt. In 2. Chron. 2, 15 un-

Bild rechts:
Die fruchtbare Küstenebene, in der die Entwicklung der Landwirtschaft besonders intensiv betrieben wird.

14

ternimmt es Hiram von Tyrus, im Libanon Zedern zu fällen und sie nach Joppe zu flößen. Der Transport über die 56 km lange steile Straße nach Jerusalem sollte dann Salomos Sache sein. In Esra 3, 7 wird fünf Jahrhunderte später von einer ähnlichen Vereinbarung berichtet. Und es war in Joppe, wo Jona ein Schiff fand, als er von dem Auftrag weglief, der ihm nicht paßte (Jona 1,2).

Man kann sich leicht die Gefühle des Petrus vorstellen, als er Joppe durchwanderte und die kleine Christengemeinde besuchte. Zur Tradition der Stadt gehörten jüdischer Stolz und jüdische Unversöhnlichkeit. In den Tagen der jüdischen Herrschaft sind in Joppe den Griechen und anderen Heiden grauenhafte Dinge angetan worden. Es muß dort ebenso schwierig gewesen sein wie in Jerusalem, die junge christliche Kirche als außerhalb des Judentums befindlich zu sehen, als eine weltweite Gemeinschaft, bei deren Gliedern es keine Unterschiede der Rasse oder der Klasse gab.

Es war sicherlich ein Zeichen, daß Petrus bei Simon dem Gerber Unterkunft fand, dem Angehörigen eines Gewerbes, das für die geliebte rituelle Reinheit der strengen Jerusalemer Juden wenig Raum ließ. Der freundliche Gastgeber spannte auf dem Dach eine Zeltbahn aus Tierhäuten auf. Zu seinem Gewerbe gehörte wahrscheinlich die Herstellung von Ledersegeln und Lukendeckeln für die Schiffe im Hafen. Petrus schlief unter dem Zelt ein und träumte von einem großen Tuch, das an den vier Ecken vom Himmel herabgelassen wurde und mit allen möglichen Tieren, reinen und unreinen, gefüllt war. Diese Darstellung seines Traumes war das letzte Bild, das er beim Erwachen vor sich sah.

Es war ein geschichtlicher Augenblick, als die Botschafter des Hauptmanns Kornelius an die Tür klopften. Lukas ist dieser Bericht sehr wichtig. Die Freiheit, in der der Heidenapostel Paulus lebt, möchte er auf ihren wirklichen Ursprung zurückführen: Es war nicht die Kühnheit eines bekehrten Pharisäers, sondern die innere Nötigung des galiläischen Apostels Petrus, die die Tür für die Heiden nicht zuerst in Kleinasien öffnete, sondern wenige Stunden von Jerusalem im jüdisch-nationalistischen Joppe und im herodianischen Cäsarea.

Ehe Sie hinuntergehen und das angebliche Haus Simons des Gerbers ansehen, sollten Sie sich noch an ein Stück griechischer Sage erinnern. Es war in Joppe, wo der griechische Held Perseus die Jungfrau Andromeda rettete, die als Futter für ein Seeungeheuer an einen Felsen gekettet war. Es ist merkwürdig, daß das benachbarte Lydda den Heiligen Georg und den Drachen für sich in Anspruch nimmt. Ohne Zweifel sind hier einige Sagen durcheinandergeraten. Entlang dieser ganzen Küste sind Legende und Geschichte vermischt und überlagert. In 2. Makkabäer 12, 3 und 4 wird berichtet, auf welch heimtückische Weise die griechischen Bewohner von Joppe die hebräische Minderheit vertrieben: Sie lockten sie auf Schiffe, die dann auf offener See versenkt wurden – ein Vorgang, der die Revolution der mutigen Makkabäer bewirkte.

Man braucht schon Phantasie, um sich vorzustellen, daß das Haus Simons

19 Jahrhunderte lang intakt geblieben sein soll. Aber die Stelle wird wahrscheinlich korrekt sein. Trotz aller kritischer Fragen verdient die Tradition Respekt, und die Lage bietet einen guten Blick über den Hafen oder das, was einmal Hafen war. Hier sollten Sie sich Zeit nehmen, Apg. 9, 36–42 und 10, 1–48 zu lesen.

Ashdod   Wir fahren nach Süden und streifen Ashdod mit seinen mächtigen Ruinen auf einem 35 Hektar großen Gelände. Es wird zusammen mit Gaza und Gat zum ersten Mal in Josua 11, 22 als eine Stadt erwähnt, in der Riesen, die sogenannten Enakiter, wohnten. Nachdem die Philister den Israeliten die Bundeslade genommen hatten, brachten sie sie in den Tempel ihres Gottes Dagon, was aber weder diesem noch der Stadt gut bekam (1. Sam. 5, 1–12).

Ashqelon   Weiter geht es nach Ashqelon (Askalon), einer der ältesten, größten und wichtigsten Städte des antiken Palästina. Ihre frühesten Bewohner waren Steinzeitmenschen. Ramses II., der große Kriegspharao, eroberte Askalon im 13. Jahrhundert v. Chr. Das Ereignis ist ebenfalls auf den Tempelwänden von Karnak überliefert. Jedoch, ein Jahrhundert später waren die Philister wieder die Besitzer (Josua 13, 3).

Simson tötete in Askalon 30 Philister (Richter 14, 19). Es ist der Geburtsort von Herodes dem Großen, der Askalon befestigte und ausbaute.

In Ashqelon hatte ich ein eigenartiges Erlebnis. Statt einer Mittagspause nahm ich mir Zeit für einen einsamen Spaziergang. Ich ging den grasbewachsenen Weg durch die verstreuten Ruinen hin zum Meer. Unter mir entdeckte ich eine antike Münze. Es war abgegriffene, brüchige Bronze, wahrscheinlich ein Stück griechischen Geldes, das vor vielleicht 2000 Jahren in der Nähe des alten Philisterhafens fallengelassen worden war. Warum es wohl solange unbemerkt und unentdeckt geblieben war?

Ich blieb stehen und horchte auf die Vögel in den Sykomorenbäumen und auf das Rauschen der Brandung unten an der langgestreckten Küste, die sich bis zu dem blassen Dunst bei Tel Aviv zeigt. Einen alten arabischen Brunnen mit einem klobigen Wasserrad hatte ich hinter mir gelassen. Ich stand vor einer Säulenreihe, die wohl einmal den griechischen und römischen Marktplatz umgeben hatte. Ein jetzt gutgepflegter Rasen markierte die Stelle, wo einst eifrige Leute einer betriebsamen Stadt gekauft und verkauft und geredet haben. Hoch oben erblickte ich die Überreste der Kreuzfahrermauer. Meine Füße stießen an den Tonscherbenhaufen, an dessen Rand ich die Münze gefunden hatte.

Traurigkeit überflutete mich. Ich schaute auf die ruhelosen Wellen, die heranrollten, sich weiß überschlugen und in Schaum und Blasen zurückglitten, und dachte an die Zeit, als die Philister ihre Boote vor 30 und mehr Jahrhunderten an Land schoben, auf der Suche nach einer Zuflucht an der letzten unbesetzten Küste des Meeres; nur um herauszufinden, daß andere Eindringlinge, genannt Hebräer, schon überall zwischen den Bergen saßen und die Küstenebene bedrohten.

Indessen hielten die Philister die Küste doch einige Jahrhunderte und gründeten fünf Städte. Die meisten sind auch heute noch bewohnt.

Es war ein tragischer Tag für die ganze Menschheit, als die Hirtennomaden am Jordan die reiche, klare Quelle von Jericho tief unten in dem mächtigen Graben fanden, der Palästina durchschneidet, und sie mit einer Mauer umschlossen.

Jericho wurde zum Anstoß für die mauerbauenden Vorurteile des Menschen: Mauern auf dem großen Plateau von Massada, Mauern rund um Jerusalem. Mauern über Mauern, die die Archäologen sorgfältig untersuchen. Mauern aber auch von Stacheldraht, etwa auf den Golanhöhen; und dazu die Berliner Mauer.

Die Mauern von Askalon wurden für mich zu einem Sinnbild des Weges all der Völker, die auf dem erschöpften Boden dieses zertrampelten Landes gekämpft und sich gequält haben, bis – gleich der abgegriffenen Münze in meiner Hand – der Geist, den Gott dem Menschen gab, seine Schönheit verlor und ein gesichtsloses Etwas wurde – hier und überall in der Welt und zu allen Zeiten.

Die Ägypter kamen 1947 von Süden her, entlang der Küste, die später als Gazastreifen bekannt wurde, jener »Dolch, der auf das Herz Israel gerichtet ist«, wie ein Israeli es genannt hat. Nördlich von Gaza rannte ihre 3000 Mann starke Kolonne in die Barriere eines eilig befestigten Kibbuz. Er heißt Yad Mordekhay. Man zeigt ihn heute als Denkmal des verzweifelten Kampfes der 160 Mitglieder jener kleinen Gemeinde, die sich gegen den ägyptischen Ansturm wehrte. Man kann die hastig aufgeworfenen Schützengräben besichtigen, die dem Tonbandbericht über die Schlacht einen realen Hintergrund geben. Die Verteidiger jener Genossenschaftsfarm erkauften mit ihrem Blut eine kurze, aber kostbare Frist für die israelitischen Streitkräfte, die sich sammeln und dem ägyptischen Angriff weiter im Norden stellen wollten. »Yad« ist das hebräische Wort für Hand, und wahrscheinlich bedeutet es, daß eine Hand die Ägypter aufgehalten hat. Man kann es auch übersetzen: Gedächtnis oder Denkmal.

Jeder Israeli, der eine Gruppe führt, wird seinen Touristen den Ort zeigen wollen. Schauen Sie auch in das Gebäude, das Überreste der Judenverfolgung durch die Nazis beherbergt: Karten über Hitlers Aufstieg, Fotografien von verängstigten Kindern, die sich mit ihren hageren Eltern zu Tode schleppen... Sollte solches Leiden besser vergessen werden? Noch nicht. Dieses böse Jahrhundert braucht die Erinnerung an solche Verbrechen. Sie werden an diesem kleinen Museum keinen Gefallen finden, aber Sie werden Israel dadurch besser verstehen. Es ist die Pflicht eines Gastes, und Sie sind Gäste Israels, mit denen zu fühlen, deren Land er besucht. Sie haben kaum Zeit oder Gelegenheit, wie ich sie hatte, Israelis in ihren Häusern zu besuchen. Aber nützen Sie alle möglichen Kontakte mit den Menschen jedes Landes, das Sie besuchen. Es sind Menschen, die einen Staat ausmachen, nicht Mauern.

Friedlich liegt Yad Mordekhay da, als sei es nie umkämpft worden. Ich

Yad Mordekhay

Bild rechts: Das Emeq Ha Ela, der »Eichgrund«, wo David den Riesen Goliath besiegte.

sprach einmal mit einem israelischen Soldaten, der mit seinem Gewehr auf den Knien an der Straße bei Hazor Rast machte, der Stelle, wo vor 33 Jahrhunderten eiserne Wagen gegen Josua kämpften. Ich wünschte ihm alles Gute. »Alles, was ich mir wünsche«, seufzte er, »ist Frieden, um weiterstudieren zu können.« Ganz Israel wünscht Frieden. Alle Menschen wünschen Frieden. Aber die große Vision des Jesaja, daß die Völker einst ihre Schwerter zu Pflugscharen und ihre Spieße zu Sicheln machen (Jes. 2, 4), wartet immer noch auf ihre Erfüllung.

Etwa 50 km südlich liegt Gaza, das wir uns aus Zeitgründen sparen, aber uns doch erinnern wollen, daß Simson hier das Stadttor aus den Angeln hob, als man ihm auflauerte. Hier mußte er geblendet und in Ketten die Mühle drehen, bis er beim Fest des Gottes Dagon das Haus über sich und der Festgesellschaft zusammenbrechen ließ (Richter 16, 1–3; 21–30).

Gaza

Von Ashqelon fahren wir wieder zur Hauptstraße zurück und ein wenig nach Norden, um dann aber nach einigen Kilometern nach Osten in Richtung Qiryat Gat abzubiegen. Die Strecke nennt man auch »Weg der Lade«, weil die Philister die ihnen in Ashdod sehr unbequem gewordene Bundeslade nach Gat brachten, wo sie aber auch Unheil anrichtete (1. Sam. 5, 8.9). Aus Gat stammte auch der Riese Goliath (1. Sam. 17, 4). David suchte bei König Achis von Gat Zuflucht vor Saul (1. Sam. 21, 11). Später eroberte er Gat (1. Chron. 18, 1), und unter Rehabeam wurde es zu einer wichtigen jüdischen Bastion (2. Chron. 11, 8). Die Straße läuft noch etwas in südöstlicher Richtung. Kurz vor Lakhish, dem biblischen Lachisch (Jos. 10, 31.32) wendet sie sich nach Nordosten. 30 km nach Qiryat biegen wir nach Osten ab und kommen in das Emeq Ha Ela, den »Eichgrund«, wie Luther übersetzt (1. Sam. 17, 2). Nehmen Sie ein Datum um 1030 vor Christus für die berühmte Schlacht zwischen David und Goliath (1. Sam. 17). Die beiden Armeen hatten gegenüberliegende Bergseiten besetzt und zögerten, zum Kampf anzutreten. Das Bronzealter und die Eisenzeit standen sich gegenüber. Die Hebräer hatten bronzene Waffen, die Philister eiserne. Die Eroberung der edomitischen Eisenlager durch David sollte wenig später diese Situation verändern. Es ist interessant, in solchen Veränderungen Geschichte zu erfassen.

Qiryat Gat

Lakhish

Emeq Ha Ela

Entsprechend den Bräuchen des ägäischen Krieges boten die Philister einen Helden an. Es war Goliath, ein gewaltiger Krieger, wahrscheinlich ein Nachkomme der hier noch verbliebenen Enaks-Riesen, einer Rasse von ungewöhnlichem Körperbau (Jos. 11, 22), der bei den Philistern Zuflucht gefunden hatte. Wie Simsons traurige Geschichte zeigt, waren die Philister geneigt, physische Tapferkeit zu bewundern. Und Goliath dürfte ein erwünschter Söldner gewesen sein.

Skelettfunde weisen darauf hin, daß es in dieser Gegend Palästinas Menschen stattlicher Körperlänge gegeben hat. Die Länge einer biblischen Elle ist nicht ganz sicher. Im allgemeinen sind die Menschen wahrscheinlich nicht so groß gewesen wie im Durchschnitt heute. Nach der Siloah-Inschrift, die

die Tunnelbauer des Hiskia eingravierten, kann eine Elle etwa 38 cm gehabt haben. So mag Goliath etwa 2.40 m groß gewesen sein. Er war ein arroganter, gotteslästerlicher Riese, der seine Popularität bei den Philistern enorm genoß. Die Frucht von Arroganz ist übermäßiges Selbstvertrauen, und Goliath, nach Sitte der ägäischen Krieger beschient, bepanzert und behelmt, machte den Fehler, daß er seinen Feind unterschätzte.

David ist von Michelangelo sehr gut dargestellt in einem der frühen Werke des Bildhauers. Es steht in der Akademie in Florenz. Die Figur ist wegen der starken Muskulatur kritisiert worden, aber Michelangelo wußte, was er tat. David hatte viel im Freien gelebt. Er war ein kräftiger Junge. Von Michelangelo ist er äußerst wachsam dargestellt, nähert sich bedächtig, leise, verachtet die brüllenden Beleidigungen der Philister. Goliath hatte einen Wurfspeer. Der Chronist, der wohl niemals zuvor einen Speer gesehen hatte, der mit einem Strick umwickelt war, um ihm im Flug einen Drall zu geben, sagte, er sei wie ein Weberbaum gewesen. Damit meinte er nicht etwa, es sei ein großes schweres Stück Holz gewesen, sondern daß er wie das Kreuzstück eines Webstuhls mit Garn umwebt war. David hatte keinen Schild und war solch einer Waffe ziemlich ausgesetzt.

Michelangelo stellt ihn mit der Schleudertasche dar, der Stein an seinem Ort, die linke Hand auf der linken Schulter. Die langen Schnüre der Schleuder laufen über seinen Rücken. Mit der rechten Hand hält er die Enden fest. Er brauchte nur den Stein loszulassen und im Augenblick die Schnüre weit herumzuschleudern, um seine »Rakete« mit der tödlichen Genauigkeit, die er in vielen Übungsstunden in den Bergen von Bethlehem erlernt hatte, abzufeuern.

Goliath warf den Kopf zurück und lachte. Aber diese verächtliche Heiterkeit gab David seine Gelegenheit. Das Visier schützt die Stirn, aber dazu muß man den Kopf herunterhalten, die Augen wachsam über dem Schildrand. Der Stein flog, traf die freiliegende Stirn, und mit Waffengeklirr fiel der Riese. David hat diesen Augenblick nie vergessen (Ps. 27, 1).

Der Bach ist heute ein kleines schmutziges Rinnsal. Es gibt dort viele Steine, von denen man einen als Briefbeschwerer zum Andenken auswählen kann. Tausende vor Ihnen haben diesen Wunsch gehabt. Ein Kenner Israels behauptet, daß er im ganzen Land in Bachtälern gesucht habe, aber nur im Tal von Ela habe er runde Steine gefunden.

Wir fahren weiter – Jerusalem zu. Die Müdigkeit ist groß, aber schreiben Sie trotzdem Ihr Tagebuch! Morgen werden Ihnen interessante Einzelheiten entfallen sein. Eine gute Nachtruhe wird Sie wieder kurieren. Deswegen ist es unbedingt notwendig, auf solchen Reisen eine gute Unterkunft zu haben. Es ist auch wichtig, die Reiseroute auf einer Karte zu markieren. Wenn Sie einen guten Führer haben, wird er vor dem Schlafengehen noch 20 Minuten mit Ihnen verbringen und noch einmal durchgehen, was Sie während des Tages gesehen haben. Es war ein harter Tag – wie es auch die weiteren auf Ihrer Reise sein werden. Aber einer, den Sie so schnell nicht vergessen!

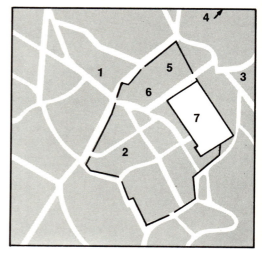

Zweiter Tag

Jerusalem: ① *Gartengrab –* ② *Grabeskirche – Schädelstätte –* ③ *Gethsemane –* ④ *Skopusberg – St. Stephans-Tor –* ⑤ *Teich Bethesda –* ⑥ *Gabbatha – Klagemauer –* ⑦ *Tempelplatz*

Und nun sind wir am Ziel der Pilgerfahrten von Jahrhunderten – in Jerusalem »dem goldenen«, denn so sieht es im ersten Sonnenlicht aus. Es hängt damit zusammen, daß viele Gebäude aus dem cremefarbenen Stein erbaut sind, der den Steinbrüchen dieser Gegend entstammt.

Es ist schwierig, eine Reihenfolge der Orte vorzuschreiben, die Sie in Jerusalem sehen sollten. Natürlich spielt auch die Lage Ihrer Unterkunft eine Rolle. Es gibt Aussichtspunkte, an denen man gestanden haben sollte, und historische Stätten, die man gesehen haben muß. Manches kann man zu Fuß aufsuchen, anderes werden Sie am besten mit Ihrem Bus erreichen. Ihr Führer oder das Touristenbüro wird Sie gerne mit den notwendigen Informationen versorgen.

Wenn irgend möglich sollte man am frühen Morgen das Gartengrab besuchen und die in der Nähe liegende Schädelstätte. Das Gartengrab liegt nahe der Nablus-Street, nicht weit vom Damaskustor entfernt. Im anbrechenden Morgenlicht begann der Wettlauf zum Grabe, der von einem, der dabei war, so lebendig beschrieben ist (Joh. 20, 1–10). Das Licht war noch nicht voll da. Der Eingang war wahrscheinlich noch niedriger, als er heute ist; denn erst als Petrus und Johannes hineingegangen waren, entdeckten sie »das Tuch, das Jesus um den Kopf gehabt hatte, nicht bei den (schon von außen gesehenen) Binden, sondern zusammengewickelt an einer Stelle für sich« (Joh. 20, 7).

Gartengrab

Natürlich weiß ich, daß es eine konkurrierende Stelle gibt, die Kirche zum Heiligen Grab, die nach dem Gartenbesuch in einer Viertelstunde zu Fuß durch das Damaskustor erreicht werden kann. Das abstoßende alte Gebäude beherbergt einen großen freiliegenden Felsen und wenige Schritte davon ein Grab. Diese Stelle wird von mehr als einer Denomination als Auferstehungsstätte Jesu verehrt. Archäologische Argumente für diesen Ort, die sich an dem Verlauf der alten Stadtmauern orientieren, sind mir bekannt. Nichtsdestoweniger bleibt es für viele schwierig, ein Gefühl des Widerwillens gegen die häßliche Kirche und ihre Ausstaffierung zu überwinden. Damit möchte ich niemandem zu nahe treten, der durch Solidarität oder Überzeugung an

Grabeskirche

Bild rechts:
Das »Goldene Tor«
von Gethsemane
aus gesehen.

die Grabeskirche gebunden ist, sondern ich möchte damit nur den allgemeinen Eindruck derer wiedergeben, die das Gartengrab bei der Nablus-Street besuchen und etwas davon empfinden, wie das Herz durch diesen schlichten und stillen Ort erhoben wird.

Die Frage, wo Jesu Grab nun wirklich war, muß sicher offen bleiben. Bei dieser Fülle der Überbauung – in Jerusalem ebenso wie in Rom – ist es schwierig, die alten geologischen Formen von Hügeln und Tälern zu erfassen. Aber das Gartengrab und die Todesstelle liegen am nördlichen Ende der gleichen Erhebung, deren südliches Ende damals vom Tempelgebiet besetzt war und heute vom Felsendom. Das gegenwärtige Damaskustor steht auf den Überresten eines römischen Tores aus der Zeit von 20 v. Chr. Die antike Straßenführung zu einem Ort »außerhalb der Stadtmauer« weist also zum Gartengrab. Warum war es dann so lange unbekannt? Es wurde von einem Griechen 1867 wiederentdeckt. Die Kenntnis historischer Orte geht aus Vernachlässigung oder aus Absicht verloren. Schließlich war die rivalisierende Stelle bei der Grabeskirche ebenfalls zwei Jahrhunderte unter Ruinen und Schutt begraben, ehe die Kaiserin Helena sie aufdeckte. Die Mohammedaner sahen ohnehin keinen Anlaß, christliche Orte zu bewahren und zu respektieren. Wie man von dem Aussichtspunkt am Ende des Gartens sehen kann, haben die Araber in früheren Jahren ihr Bestes getan, um die dürre, schädelähnliche Oberfläche von Golgatha durch einen wackligen Busbahnhof, den sie davor gebaut haben, bedeutungslos werden zu lassen.

Schädelstätte

Bezüglich des Gartengrabes finden sich noch andere Indizien für seine Echtheit. Es gibt Anzeichen dafür, daß der römische Kaiser Hadrian 135 n. Chr. es zu entweihen versucht hat, indem er Symbole für den Venusgottesdienst in die Nischen der Felsenwand setzte, in die das Grab gehauen ist. Ein sehr frühes christliches Zeichen, das auch in den Katakomben Roms gefunden wurde und in die Zeit um 200 n. Chr. gehört, ist in den Fels gemeißelt: der Anker, der Hebr. 6, 19 als Symbol gebraucht wird.

Das Grab liegt in dem tieferen Teil des alten Gartens. Die Form der Kirche, die dort im fünften Jahrhundert existierte, kann man auf dem Felsenboden und der Felsoberfläche erkennen. Es war ein kleiner Bau, und man betrat ihn durch das Grabestor direkt am Eingang. Es gibt auch Zeichen der Verehrung für diese Stätte durch die Kreuzfahrer.

Nehmen Sie sich Zeit zum Verweilen auf den Wegen zwischen den einfachen Blumenbeeten, den Büschen und unter den dunklen Pinien. Gehen Sie einzeln oder zu zweit in das Grab, und beten Sie, was Ihrem Herzen am nächsten liegt. Ein Gottesdienst ist nicht notwendig. Es ist ein Ort, an dem Sie mit dem auferstandenen Herrn allein sein sollten. Verlassen Sie den Ort in aller Stille, und bedenken Sie, daß der Garten Mittel nötig hat, um in Ordnung gehalten zu werden – obwohl Ihnen die plumpe Forderung nach Geld, die den anderen Ort beeinträchtigt, erspart geblieben ist.

Wenn Sie ungefrühstückt unterwegs waren, müssen Sie das jetzt nachholen. In Israel ist ein nahrhaftes Frühstück ein guter und wichtiger Einstieg in einen anstrengenden Tag. Dann ist es an der Zeit, um die alten Moslem-

Bild oben:
Das Gartengrab.

Gethsemane

Mauern von Jerusalem herum zum Garten Gethsemane zu gehen, der am Fuß des Ölbergs an der Ostseite der Stadt liegt.

Zwei Basiliken finden sich in Gethsemane. Eine von ihnen, die Kirche aller Nationen, umschließt ein Felsstück, von dem gesagt wird, daß Jesus dort seinen Gebetskampf geführt habe. Die ehrwürdigen Oliven sind die einzigen Überreste, die aus alter Zeit übriggeblieben sind. Es sind niedrige Stämme, erstaunlich zerspalten, ja geborsten, aber wahrscheinlich durch Wurzeln ernährt, die viele Jahrhunderte alt sind.

»Ich aber werde bleiben wie ein grünender Ölbaum im Hause Gottes«, sagte David am Ende eines seiner Trostpsalmen (52, 10). Für die alte Welt rund ums Mittelmeer bedeutete der Ölbaum Lebenskraft und wächst in der Gegend am besten, die für andere Bäume eine feindliche Umgebung wäre. Sicher, in den fruchtbaren Tälern werden die Früchte groß und rund. Aber mehr Öl enthalten die Früchte von den rauhen und steinigen Hängen, wo ein guter Baum im Jahr eine halbe Tonne Öl produziert. Nichts kann den Olivenbaum töten.

Gethsemane war zur Zeit Jesu ein großer öffentlicher Garten über die Hänge des Ölberges hinweg. Ein Teil dieses Gebietes ist durch das plumpe Bauen der Kirchen verändert worden, die mit rivalisierenden Kulten ängstlich darauf bedacht waren, an heiliger Stelle präsent zu sein. Aber schon die

Römer zerstörten den ganzen Hain zusammen mit der Stadt bis über den nahegelegenen Kidron. Dabei sind sicherlich all die alten Ölbäume völlig zugrunde gegangen. Aber die Jahrhunderte scheinen sich mit dem zerrissenen und verdrehten Holz verflochten zu haben. Und es ist keineswegs ausgeschlossen, daß die heutigen Bäume ihre Nährkraft aus Wurzeln ziehen, die sich in den steinigen Grund unter den Knien Christi festgekrallt hatten.

Denkt man noch einmal an das Bild des Psalmisten, dann gibt es große Ermutigung für Christen hier. Auch sie entwickeln ihre besten Qualitäten, wenn die Verhältnisse rauh sind! Nach 6 Jahren trägt der Olivenbaum die ersten Früchte. Aber frühestens nach 17 Jahren bringt er eine wirkliche Ernte. Sein bestes und fruchtbarstes Alter erreicht er zwischen 80 und 120 Jahren. Die Alten mögen also Mut fassen. Johannes, der sein Evangelium im Alter von 90 Jahren schrieb, ist ein Beispiel für späte Frucht der Treue. Nehmen Sie die Möglichkeit hinzu, daß Pfropfen einen sterbenden Baum verjüngen kann, dann haben Sie noch mehr Ermutigung für die, die schon reich an Jahren sind, ihre Sinne lebendig und wach zu halten für mancherlei Aufgaben und Dienste.

Damit hängt auch das berühmte und oft mißverstandene Bild zusammen, das Paulus in Römer 11, 17–24 benutzt. Er spricht von Israel als von einem abgestorbenen Baum und von der Gemeinde Jesu als einem Pfropfreis darauf. Wenn ein Olivenbaum nur noch wenig oder schlechte Frucht trägt, wird das Reis eines wilden Olivenbaumes daraufgepfropft. Das gibt dem Baum neues Leben. Tote Zweige werden abgeschnitten, und der alte Stamm, der durch den aufgepfropften Zweig neues Leben gewinnt, wird wieder fruchtbar. So wird, richtig interpretiert, das Beispiel des Paulus zu einem wichtigen Zeugnis über Israel und die Gemeinde Jesu sowie über die Zusammenhänge der beiden Testamente und die Rolle und Aufgabe des Judentums.

Aber nun zurück nach Gethsemane! Schließen Sie Ihre Augen und hören Sie. Lauschen Sie auf das Geräusch des Windes in den Olivenbäumen, auf den Gesang der Amsel oder das Gezirpe des Spatzes. Versuchen Sie, die Geräusche der geschäftigen Straße im Kidrontal, den Lärm durch den Verkehr und die Baustellen, auszuschließen. Schauen Sie auch nicht auf die Stadtmauer oder auf das Stück des Goldenen Domes, der sie überragt. Konzentrieren Sie sich auf die Geräusche, die Er hörte. Es ist ein Ehrfurcht gebietender Ort. Hierher brachte der Herr seine Jünger spät am Abend. Es war ein angespannter und ermüdender Tag gewesen. Die Fußwaschung und das Abendmahl lagen hinter ihnen. Die rätselhaften Worte, die fünf Kapitel des Johannesevangeliums ausmachen (13–17), hatten sie eher verwirrt als vergewissert. Es gab etwas an ihrem Meister, das sich ihrem Fassungsvermögen entzog. Erschöpft vor Erregung und Müdigkeit zugleich, schliefen sie unter den Olivenbäumen ein.

Sie schliefen. Aber denken Sie an Jesus. Sein Anblick ist entmutigend. »Es ergriff ihn Angst und Furcht«, sagt Markus in seinem Bericht (14, 33). Was bewegte den Sohn Gottes in dieser fürchterlichen Stunde? War es die Tiefe menschlicher Schlechtigkeit, die ihn umgab? Die Verwüstung, die Satan in

Bild rechts:
Alte Olivenbäume
in Gethsemane.

Bild auf den beiden folgenden Seiten:
Olivenhain mit Weinstöcken und Palmen hinter dem »Goldenen Tor«.

den Herzen der Menschen bewirkt hatte? Der Abgrund, in den er – wie er wußte – hinabsteigen mußte, um die Rettung des Menschen zu erreichen? War es die Qual der Einsamkeit, die ihn schmerzte? Es überwältigt das Herz, wenn man bedenkt, daß der Sohn des allmächtigen Gottes hier die Gemeinschaft der Menschen erfleht: »Bleibt hier und wachet!« In lobenswertem Verlangen, Gott zu erhöhen, haben manche den leidenden Christus in Herrlichkeit, souveräner Macht und immerwährender Ruhe, weit von den Menschen entfernt, gezeichnet. Aber die Bibel bezeugt anderes. In dieser letzten freien Stunde war Jesus auf der Suche nach der Liebe und dem Trost der Menschen. Dieser ernsten Wahrheit dürfen wir nicht ausweichen, wie unbegreiflich dieser Wunsch uns auch erscheinen mag. Aber wir können den Herrn kränken, indem wir versäumen, »eine Stunde mit ihm zu wachen« über all den geschäftigen Aufgaben unserer Tage.

Wenn es auf dieser Seite des Kidron noch etwas Zeit gibt, ist ein schneller Blick auf den Skopusberg von Interesse. Die griechisch-lateinische Form ist die Übersetzung des hebräischen Namens für diese Erhebung. Er bedeutet »Aussicht«. Hier hatte Titus sein Hauptquartier während der grausamen Belagerung von Jerusalem, als sein Vater Vespasian nach Rom gezogen war, um sich die angezweifelte Führerschaft zu sichern. *Skopusberg*

Auf dem Skopusberg kann man die erste hebräische Universität sehen – eröffnet 1925. Sie hat eine höchst bewegte Geschichte. Die Gebäude waren beim Waffenstillstand von 1948 in israelischer Hand und bildeten eine Exklave, die als entmilitarisiert erklärt wurde. Polizei und zivile Angestellte versorgten den unbenutzten Universitätscampus und all seine Einrichtungen. Sie arbeiteten in 14tägigen Schichten bis zum Krieg von 1967.

Inzwischen waren die Israelis gezwungen, in Westjerusalem eine völlig neue Universität zu bauen. Die Jordanier erlaubten, daß von der Mount-Scopus-Bibliothek alle 14 Tage ein Lastwagen voll Bücher über die Grenze gebracht werden durfte unter der Voraussetzung, daß diese Tatsache nicht in Zeitungsberichten erwähnt würde. Es lohnt sich, eine solche Kleinigkeit zur Kenntnis zu nehmen, denn sie illustriert die emotionalen Barrieren, die auch heute einem Friedensschluß entgegenstehen.

Diejenigen, die Dienst hatten, als 1967 der Sechs-Tage-Krieg ausbrach, waren 120 »Polizisten«. Während der vorausgehenden Jahre war die Exklave durch das Hereinschmuggeln von Waffen und Munition für solch einen Eventualfall gerüstet. Sie hatte Erfolg bei der Abwehr der arabischen Legion. Die Israelis haben ihre Universität inzwischen stark erweitert – ein richtiges Hochschulviertel ist daraus geworden. Es ist ein Anzeichen dafür, daß, welche Form der Friede auch immer haben wird, Jerusalem niemals zum Status vor 1967 zurückkehren kann.

Entweder von Gethsemane oder vom Skopusberg her überqueren wir wieder den Kidron und gehen zu Fuß durch das St. Stephanustor in die Altstadt. Nach christlicher Überlieferung soll an dieser Stelle Stephanus von *St. Stephans-Tor* den Juden zur Stadt hinausgestoßen und gesteinigt worden sein (Apg. 7, 58). Der hebräische Name lautet Shaar Ha Arayot =Löwentor, und mit ihm erinnern die Löwenreliefs am Torbogen an eine Legende: Sultan Soliman träumte, daß Löwen ihn zerreißen würden, wenn er es versäumte, Jerusalem mit einer Mauer zu umgeben. Aber es gibt noch einen dritten, arabischen Namen für dieses Tor: Bab Sittna Mariam =Marientor. Wenn wir uns nach rechts wenden, entdecken wir die St. Annen-Kirche, von der behauptet wird, daß sie über dem Haus von Joachim und Anna erbaut worden ist, den Eltern der Jungfrau Maria. Es ist freilich viel wahrscheinlicher, daß Marias Eltern Galiläer aus Nazareth waren. Aber der dreischiffige Bau ist dennoch einen Blick wert, weil er das typische Bild einer Kreuzfahrerkirche bietet. Die hohe Wölbung des Raumes läßt den Gesang großartig widerhallen, falls Sie zu einer singenden Gruppe gehören sollten.

Teich Bethesda

Aber auf dieser schmalen Seitengasse suchten wir eigentlich nicht diese Kirche, sondern den Teich Bethesda, von dem in Joh. 5, 1–18 berichtet wird. Über das Johannes-Evangelium sind die merkwürdigsten Theorien aufgestellt worden – in der Hauptsache, um zu beweisen, daß es sich um eine Erzählung aus dem zweiten Jahrhundert handelt. Die Geschichte des Bethesda-Teiches ist ein Beispiel dafür. 1932 vertrat Loisy, ein französischer liberaler Wissenschaftler, die Meinung, daß Johannes oder wer auch immer nach seiner Meinung unter diesem Namen schrieb, die traditionelle Erzählung verändert habe, um die fünf Säulenhallen einzubringen. Diese wiederum sollten die fünf Bücher des Gesetzes darstellen, das zu erfüllen Jesus gekommen sei. Aber jüngere Ausgrabungen haben ergeben, daß schon vor 70 n. Chr. dort ein rechteckiger Teich existierte mit Säulenhallen auf allen vier Seiten und einer fünften in der Mitte.

Das begleitende Wunder bleibt schwierig, vor allem der Anfang: der Engel mit seinen periodischen Besuchen, die offensichtliche Balgerei nach einer Gabe Gottes. Der Herr wandte sich nicht gegen den Volksglauben. Er erzürnte die Priesterschaft ohnehin genug mit dem, was er tat. Dem Mann wurde Heilung zuteil kraft seines Glaubens, indem er die angebotene Gnade ergriff. Gott hat nichts übrig für den Halbherzigen. Vielleicht hatte der Mann sich bereits an seine Situation gewöhnt gehabt. Deswegen fragte ihn Jesus: »Willst du gesund werden?«

Nachdem wir die »fünf Hallen« gesehen haben, kehren wir zur Hauptstraße zurück. Schade, daß kein Versuch unternommen worden ist, den Ort besser zu restaurieren und vor allem das Wasser zu reinigen – es ist ein Tümpel.

Der nördliche Teil des Tempelgebietes wurde zur Zeit Jesu von der Burg Antonia beherrscht, einer Festung, die Herodes enorm aufgebaut hatte und die nach Marcus Antonius, seinem Freund, benannt worden war. Sie hatte die Aufgabe, unruhige Menschenmassen unter Kontrolle zu halten, die innerhalb des Tempelbereichs mehr als an irgendeinem anderen Ort dazu neigten, sich einen Aufruhr zu gestatten. Wie schnell eine Einsatzgruppe eingreifen konnte, wird durch die Rettung des Paulus illustriert, die Apg. 21, 30 so lebendig geschildert ist.

Jesus wurde an einem Ort vor Pilatus gestellt, der »lithostroton«, wörtlich »Steinpflaster« (»Gabbatha« auf aramaeisch) genannt wurde. Man nahm früher an, daß dieses Pflaster beim Palast des Herodes in der Nähe des Jaffa-Tors war. Ein Forscher entdeckte dann ein guterhaltenes frühes römisches Pflaster unter dem Ecce-Homo-Bogen in der Via Dolorosa auf einer Gesamtfläche von 2.500 Quadratmetern. Er stellte fest, daß dieses gepflasterte Gebiet der Innenhof der Burg Antonia auf einer felsigen Geländeerhöhung war. Der Ecce-Homo-Bogen selbst ist erst später über dem Pflaster, das von den Ruinen der Burg Antiona bedeckt war, erstellt worden. Die beiden lateinischen Worte »ecce homo« erinnern an den Ausspruch des Pilatus, als Jesus vor ihm stand: »Sehet, welch ein Mensch!« (Joh. 19, 5), der hier gefallen sein soll. Doch der Bogen stammt aus der Zeit Kaiser Hadrians (117–138 n. Chr.), der 130 das zerstörte Jerusalem besuchte und befahl, auf seinen Trümmern eine römische Kolonie zu gründen. Ihr Name soll Aelia Capitolina sein (Aelia war der Familienname des Kaisers, Capitolina der Begriff für das Dreigestirn römischen Götterglaubens: Jupiter, Juno und Minerva). Als die Juden, die trotz der Zerstörung Jerusalems dort noch sieben Synagogen besaßen, von diesem Plan hörten, kam es zu dem Bar-Kochba-Aufstand (132–135), der nach anfänglichen Erfolgen zusammenbrach. Diese Entdeckungen illustrieren eindrucksvoll die Genauigkeit der topographischen Angaben des Johannes. Er beschreibt deutlich eine Situation vor 70 n. Chr.

Die römische Garnisonsstadt war Cäsarea. Aber zur Passahzeit wurde Militär nach Jerusalem verlegt, und der Prokurator nahm Wohnung im »Prätorium«, das jeder Platz sein konnte, an den er sein Schild hing. Im Jahr der Kreuzigung Jesu war es wohl das Erdgeschoß der Festung Antonia (Joh. 18, 28; 19, 13). Wir finden diesen Ort heute bei der Kirche der »Schwestern von Zion«, eine mit den gewölbten Steinen einer römischen Pflasterstraße belegte Fläche – etwa 200 m vom Stephanustor entfernt in der »Via Dolorosa« (= schmerzensreicher Weg), so genannt, weil diese Gasse die Stationen des Leidensweges Jesu berührt. Am bewegendsten von allem sind die in die Steine eingeritzten Striche und Quadrate eines römischen Spieles, unter anderen mit einem Quadrat, das mit B für Basileus (=König) markiert ist. Hier stand also der Spottkönig – eine Figur in einem grausamen Spiel, ehe er zu einem entsetzlichen Tod geführt wurde. Dort stand Christus, die Dornenkrone auf seinen Kopf gepreßt und in einen abgelegten roten Mantel eingehüllt, den ein Offizier weggeworfen hatte. Unsere Welt der Bombenwerfer und Geiselnehmer ist nicht weniger grausam. Aber in der Szene der Evangelien scheint der Berg menschlicher Bosheit zu einem Gipfel und Höhepunkt zu kommen. Doch in derselben Passionsgeschichte, und das ist lebenswichtig, offenbart sich auch Gottes Eingreifen in die Sünde des Menschen. »Gott versöhnte in Christus die Welt mit sich selber...« (2. Kor. 5, 19).

Die Ankläger wollten nicht in das heidnische Richthaus gehen aus Furcht vor ritueller Verunreinigung. Pilatus kam zu ihnen und stellte die formale

Gabbatha

Bild rechts:
Indischer Bohnenbaum in der Frühlingsblüte, nahe beim Teich Bethesda.

Frage, die ein römisches Verfahren eröffnete: »Was für eine Anklage bringt ihr gegen diesen Menschen vor?« (Joh. 18, 29). Es war die Frage, die sie erwarten mußten, und jeder Ankläger wäre mit einer Anklageschrift zur Hand gewesen. Die Führer des Volkes waren in solchen Prozeduren erfahren. Warum hatten sie sich dann nicht mit einer passenden Antwort auf eine formale Frage vorbereitet?

Sie reagierten statt dessen mit glattem Erstaunen: »Hätte dieser nichts verbrochen, so hätten wir ihn dir nicht übergeben« (Vers 30). Das war keine Erwiderung. Pilatus war ein Richter und nicht ein Henker. Warum behandelten sie ihn nicht wie einen Richter und trugen ihre Beschuldigung exakt vor? Die einzige passende Erklärung wirft Licht auf den Charakter all der Teilnehmer. Sie erwarteten kein Verfahren, sondern die Unterzeichnung eines Todesurteils. Sie erwarteten kein gesetzliches Vorgehen – das war für sie Zeitverschwendung –, und sie hatten keine Zeit zu verlieren.

Warum konnten sie sicher sein, daß ein Beamter der Besatzungsmacht, ein erfahrener Richter und Statthalter des Tiberius, auf die Formalitäten verzichten würde? Pilatus mußte sich verpflichtet haben, kein formales Verfahren durchzuführen, sondern auf das Wort der Priester den Gefangenen dem Hinrichtungskommando zu überantworten.

Bild unten: Antike Steine oberhalb des Teichs Bethesda.

Bild oben:
Das Gabbatha-Pflaster.

Hier fehlt ein Kapitel in der Geschichte. Kaiphas und Hannas oder einer von ihnen müssen in der Nacht vorher mit dem Prokurator eine Geheimsitzung gehabt haben und durch irgendwelche Drohungen oder Finessen das Versprechen erreicht haben, daß das Verfahren umgangen würde. Aber warum hat dann Pilatus, als ihm der Fall vorgetragen wurde, mit dem er gerechnet hatte, seinen Sinn geändert und ist in die Rolle des Richters geschlüpft, offenbar im Bemühen, Zeit zu schinden? Zum empörten Erstaunen seiner Komplizen eröffnet er nun doch das Verfahren mit der förmlichen Anfrage nach der Anschuldigung.

Vielleicht bietet uns der Bericht des Matthäus Aufschluß. Er erzählt uns von der unerwarteten Intervention der Frau des Pilatus (Matth. 27, 19). Ohne Zweifel wußte sie von dem korrupten Handeln ihres Mannes und schämte sich dessen. Die Eindringlichkeit ihrer Worte warf den Statthalter aus dem Gleichgewicht...

Klagemauer

Sie haben heute noch anstrengende Wege vor sich: enge Gassen mit viel ermüdenden Steigungen und Stufen. Unser Weg beginnt bei der Klagemauer, dem Überrest der mächtigen Umfassungsmauer für den von Herodes erbauten schönen Tempel. Dieser Mauerteil überstand fast zwei Jahrtausende. Eine alte Legende erzählt, daß es ein Werk von Armen war, die in ihrer Mittellosigkeit außerstande waren, für den ihnen auferlegten Teil am Tempelbau Arbeiter zu bezahlen. Sie errichteten deshalb die Mauer mit eigenen Händen. Daß dieser Abschnitt erhalten blieb, sei die Belohnung Gottes.

Hier beklagen die Juden die Zerstörung ihres Tempels durch Titus. Viele

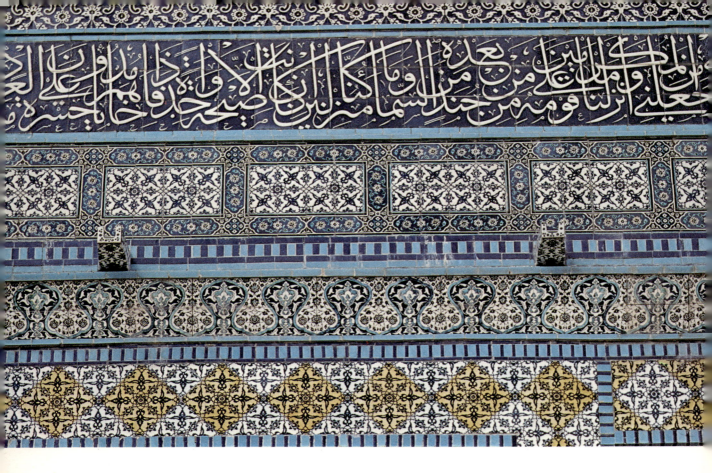

schreiben auch ihre Anliegen auf kleine Zettel und schieben sie in die Spalten der Mauer.

Zollen Sie dem Ort Respekt. Für Männer, die keinen Hut haben, wird eine Kofbedeckung zur Verfügung gestellt. Es ist ein Erlebnis, dort mit den orthodoxen Juden zu beten, die ihre Bitten singen, und mit Andächtigen aus allen Völkern. Fotografieren Sie nicht, schon gar nicht am Sabbat oder anderen jüdischen Feiertagen. Die jüdischen Gottesdienstbesucher mögen das nicht. Es gibt gute Dias und Postkarten von diesem Ort zu kaufen.

Dann steigen wir von der Klagemauer hinauf zum alten Tempelgelände. Dort stehen heute zwei moslemische Heiligtümer: Die El-Aksa-Moschee und der Felsendom, weniger genau auch Omar-Moschee genannt. Bei beiden müssen die Schuhe draußen bleiben, sind aber ziemlich sicher. Das Innere der Gebäude ist mit Teppichen bedeckt, die – das muß man zugeben – zeitweilig einen merkwürdigen Geruch wiedergeben, der von den schwitzenden Stirnen der Gläubigen stammt, die dagegen gepreßt werden. Ansonsten sind es großartige Bauwerke. Da der Koran die Darstellung von Menschen und Tieren verbietet, haben die Moslems die kunstvollsten und schönsten Ornamente geschaffen.

Das gilt besonders für den Felsendom mit seiner goldenen Kuppel. Er nimmt die zentrale Stelle im Haram Esh-Sharif, dem Tempelbezirk, ein und ist außerordentlich reich verziert, sowohl innen als außen – ein Leckerbissen

Bild oben: Ausschnitt aus der Mosaikdekoration in der Kuppel des Felsendoms.

Bild rechts: Alter Brunnen auf dem Tempelplatz.

Tempelplatz

für den Fotografen. Der Marmor ist grau und rot gemasert, nicht rein weiß wie bei der El-Aksa-Moschee. Der Felsendom steht mit geringen Veränderungen seit 13 Jahrhunderten und umschließt ein großes Felsstück, von dem gesagt wird, daß dort Isaak von Abraham geopfert werden sollte (1. Mose 22). David kaufte ihn von Ornan, dessen Dreschplatz er war, als Ort für den Tempel seines Gottes (1. Chron. 21). Den Moslems ist er als der Ort der Himmelfahrt Mohammeds heilig, der gesagt hat, daß ein Gebet, hier gesprochen, mehr wert sei als tausend Gebete an irgendeinem anderen Ort.

Aber gehen wir nun über den großen Innenhof zur Südostecke des Tempelplatzes. Schauen Sie über die Zinnen hinweg hinüber zum Ölberg. Dazwischen liegt das Kidrontal, das bis zum Toten Meer weiterläuft und bei Hesekiel im Bild von dem wunderbaren Strom erscheint (Hes. 47). Die weiteren Hänge zu beiden Seiten des Tals dienten in der Zeit des ersten und zweiten Tempels als Friedhof, und verschiedene Gräber ziemlich zweifelhafter Glaubwürdigkeit können dort besichtigt werden: Josaphat, Absalom, Zacharias sollen hier ihre letzte Ruhestätte gefunden haben.

Wer noch Lust und Kraft hat, kann noch eine oder zwei Stunden in der Altstadt verbringen. Bei solchen Besichtigungen ist es freilich ratsam, nicht allein, sondern in kleinen Gruppen zu gehen.

Bild rechts: Die Klagemauer; im Hintergrund der Felsendom.

Bild unten: Juden beten an der Klagemauer.

Dritter Tag

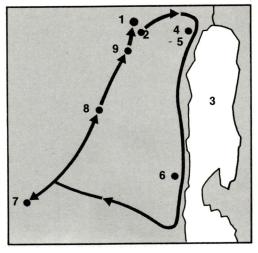

① Jerusalem – ② Eizariya (Bethanien) – Jordantal – ③ Totes Meer – ④ Qumran – ⑤ En Feshkha – En Gedi – ⑥ Massada – ⑦ Be'er Sheva – ⑧ Hebron – ⑨ Bethlehem

Auch dies wird wieder ein langer Tag für Sie werden, vollgepackt mit interessanten Erlebnissen. Beginnen Sie so früh wie möglich. Von jedem höheren Punkt in Jerusalem und von Hunderten von Hotelfenstern kann man das Schauspiel der über den Bergen aufgehenden Sonne sehen – ein Blick, den man in Erinnerung behält. Die moabitischen Berge heben sich dunkelviolett vor dem opalfarbenen Himmel ab. Wenn dann die Sonne aufgeht, versteht man die Kraft der Bildersprache des Psalmisten. Von den Bergen in der Wüste Juda hatte er den glühenden Ball emporsteigen sehen »wie ein Held zu laufen seine Bahn« (Ps. 19, 6). Sie werden die Sonne vor sich haben, wenn Sie nun über die Jericho Road zu der Ortschaft Bethanien fahren. Sie heißt heute Eizariya.

Eizariya (Bethanien)

Archäologische Untersuchungen haben die Tatsache bestätigt, daß es dort in den Felsen gehauene Gräber gab, aus deren einem Lazarus entstieg (Joh. 11, 1–45). Die Franziskaner bauten in den fünfziger Jahren dieses Jahrhunderts auf dem Gelände, wo das »Haus der Maria und Martha« und das »Haus Simon des Aussätzigen« (Matth. 26, 6–13) gestanden haben soll, eine Kirche. Wenige Schritte weiter ist der Eingang zum »Lazarusgrab«. Wir werden nicht halten. Es gibt Orte mit besser gesicherter Geschichte.

Die Straße windet sich nun zwischen den rauhen steinübersäten Bergen hinab. Der Mann, der in Jesu Gleichnis vom Barmherzigen Samariter »unter die Räuber fiel« (Luk. 10, 29–37), hatte ein kräftiges Gefälle zu überwinden: Jerusalem liegt 835 m über, Jericho 250 m unter der Höhe des Mittelmeeres, die Oberfläche des Toten Meeres sogar 392 m, und die tiefste Stelle des Toten Meeres ist 720 m. Es ist doch etwas unheimlich, an Hinweisen vorbeizufahren, auf denen in englisch, französisch und hebräisch steht: »Meeresspiegel«. Zu Jesu Zeiten gab es auch solche Dreisprachigkeit: hebräisch, lateinisch und griechisch (Joh. 19, 20).

Es lohnt sich ein Blick auf die Felsenhänge zur Linken, die einen strammen Tagesmarsch von Jerusalem entfernt liegen. Von hier irgendwo muß sich die kleine Armee des David nordostwärts gewandt haben, um sich über die

Bild rechts: An der Küste des Toten Meeres bei En Feshkha. Die hier entspringenden Quellen ermöglichten der Qumran-Sekte den Anbau von Feldfrüchten.

Berge zur Jordansenke durchzuschlagen. David, der königliche Dichter, war jemand, der die Höhen des Ruhmes so gut kannte wie die Tiefen der Dunkelheit in der Seele. Er war in Bethlehem geboren, wie ein anderer 1000 Jahre später, und er wurde Höfling König Sauls, jener tragischen Gestalt der Verheißung und des Untergangs. Durch Sauls Haß wurde er ein Verbannter und flüchtete in die rauhe Wildnis, die vom zentralen Bergkamm Judäas in das Jordantal hinabreicht. David war sich dessen sicherlich nicht bewußt, daß dies die großen Tage seines Lebens waren, als er es in völligem Vertrauen auf Gott ablehnte, die Hand gegen Saul zu erheben, um seine eigene Bestimmung, um die er wußte, zu beschleunigen (1. Sam. 24). Seine Stimmungslage in dieser wilden Landschaft ist in manch einem der Psalmen zu erkennen, die in dieser abschreckenden und doch beschützenden Wildnis entstanden.

Dann wurde er König. In der Behaglichkeit und Schmeichelei des Hofes verlor er sein Lied. Ränkevolle Höflinge machten ihn zu einem der üblichen orientalen Monarchen. Er ermordete einen treuen Offizier, um dessen Frau zu stehlen – ohne Zweifel ein sorgfältig geplantes Komplott der Bathseba. Wie sonst hätte sie im Blickfeld Davids gebadet? Viele Monate lebte der einst für Gott so empfindsame David in einer Art Betäubung, ohne Sündenbewußtsein, bis ein mutiger Mann sein Leben riskierte und ihm die Wahrheit sagte (2. Sam. 12, 1–15).

Psalm 51, gesungen vor der versammelten Gemeinde, zeigt seine quälende Reue. Aber das Volk vergaß es ihm nicht, und sein Hofstaat verschwieg ihm die gärende Unzufriedenheit, bis die Rebellion des Absalom ihn in die Gegenwart zurückjagte. Rasch entschied der alte Wüstenkämpfer, daß er Jerusalem nicht halten könne. Mit einem treuen Truppenrest verließ er die Hauptstadt, um die rauhen Berge zu überqueren und den Jordan gegenüber der Jabbok-Schlucht zu erreichen, wo Jakob gerungen hatte. Ausgelaugt von der Erregung und erschöpft machten sie dort Rast. Wie töricht von Absalom, sie nicht zu verfolgen und unverzüglich anzugreifen! Die List eines der Getreuen Davids am Hof des Rebellensohns verhinderte es (2. Sam. 17).

Die David von früher vertrauten Bedrängnisse erweckten die Dichtung zu neuem Leben, und aus dem Aufstand des Absalom erwuchs ein Dutzend Psalmen. Dann wandte sich für ihn alles zum besten. In Mahanajim empfing der reiche Schafhirte Barsillai seinen König und bewirtete die Flüchtlinge (2. Sam. 17, 27–29). Vielleicht entstand Psalm 23 an diesem Tag, denn Barsillai liefert das Bild des Hirten und Gastgebers. Möglicherweise erhob sich der König nach dem opulenten Mahl in dem großen Schafschuppen und sang: »Der Herr ist mein Hirte...« Es ist das berühmteste Gedicht der Welt.

Jordantal

Aber zurück zu unserer Reiseroute! Wir sind im Jordantal, einige Kilometer südlich von Jericho, das wir später noch besuchen werden, etwa auf der Höhe von Bethabara, wo Johannes am Jordan taufte (Joh. 1, 28). Der Ort heißt eigentlich Bethanien wie das Dorf nahe Jerusalem, wurde aber von Kirchenvater Origenes neu benannt. Zur Zeit der Abfassung dieses Buches ist es nicht möglich, den traditionellen Taufort zu besuchen, wegen der nahen Grenze. Aber wir versäumen wirklich nichts, denn die Gegend muß vor 19 Jahrhunderten völlig anders gewesen sein. Der Jordan fließt das letzte Stück zum Toten Meer träge dahin, als wäre er von der Last des Schlammes, den er 410 km seiner Windungen hindurchgeschleppt hat, müde geworden. Orangegelb treibt das Wasser zwischen Schlammbänken, die von eben dieser Verunreinigung aufgeschwemmt sind. Irgendwo tief unter dem Schlamm muß ein felsiges Strombett liegen, mit Buchten, die klare Teiche bildeten. An solch einem Ort taufte Johannes (Joh. 1, 28). Hier richtete auch Josua seine Gedächtnissteine auf (Josua 4, 9).

Totes Meer

Wir haben nun das Tote Meer erreicht und finden bald einen Badestrand für den unausweichlichen Wunsch, in dem merkwürdigen bleiernen Wasser zu baden oder sich treiben zu lassen. Wenn jemand an Schuppenflechte leidet, kann ihm eine Woche des Sich-Sonnens und Badens an diesem Ort viel helfen: An dieser tiefsten Stelle der Erdoberfläche wirkt die ultraviolette Strahlung in der richtigen Dosis, um die Haut zu heilen.

Wir nehmen jetzt die Straße entlang an der Westküste, eine unfruchtbare Landschaft mit dem blaßblauen Meer unter den verbrannten moabitischen Gebieten am jenseitigen Ufer. Es ist kein Wunder, daß Hesekiel (Kapitel 47) diesen Ort zu einem Symbol für eine tote und vergiftete Welt machte, die durch den Strom geheilt wurde, der sich von Jerusalem herab ergoß.

Nach wenigen Kilometern führt uns eine Stichstraße rechts ab auf eine kleine Anhöhe und damit zu einem Ruinenkomplex von höchstem archäologischen Interesse: sozusagen dem ältesten Kibbuz der Welt, dem Sitz der Wüstensekte von Qumran. Diese Leute waren eine Art »dritte Kraft« in der religiösen Welt Israels, ähnlich wie die Essener, die ebenfalls in einer solchen Kolonie weiter unten an der Küste in der Oase von En Gedi lebten.

Qumran

Während die Pharisäer, die es mit dem Gesetz übergenau nahmen, und die weltlich gesinnten Sadduzäer das religiöse Leben in der Stadt beherrschten, gab es einfache Leute, die sich davon abgewandt hatten. Sie werden im Alten Testament etwa erkennbar als der »Rest, die Siebentausend, die ihre Knie nicht vor Baal gebeugt haben« (1. Kön. 19, 18). Aber die archäologischen Untersuchungen von Qumran und das Studium ihrer Bibliothek, die in den Höhlen hinter der Siedlung versteckt war, lassen sie noch lebendiger werden.

Tief im hebräischen Bewußtsein gab es ein Mißtrauen gegen das Wohnen in der Stadt. Abraham mit dem Glauben an den einen Gott in seinem Herzen hatte Ur in Chaldäa verlassen, den großen heidnischen Seehafen am Persischen Golf, denn sein Ziel war, in der reinen und leeren Wildnis neu anzufangen. Der Schreiber des Hebräerbriefes spricht für Israeliten Vertrautes aus, wenn er Abraham, ihren Vater, so darstellte: »Er wohnte in Zelten mit Isaak und Jakob, den Miterben derselben Verheißung. Denn er wartete auf die Stadt, die einen festen Grund hat, deren Baumeister und Schöpfer Gott ist« (Hebr. 11, 9.10). Und während des Laubhüttenfestes entsagten die Stadtbewohner jedes Jahr ihrem Komfort und lebten auf Hausdächern und

Gärten in Zelten oder in Hütten aus Palmzweigen. Durch die ganze Geschichte hindurch waren die Städter in Israel selbstgefällig und für Korruption empfänglich; aber zugleich niemals sicher vor der barschen Aufdringlichkeit eines Amos oder eines Elia, Männern aus der Wildnis und dem unbesiedelten Land, rasch und unbarmherzig bei der Brandmarkung der Sünde und darauf aus, die abweichenden Massen in der Stadt zur Schlichtheit des Glaubens zurückzurufen. Es darf darum nicht überraschen, daß zur Zeit Jesu eine Protestbewegung die Wildnis suchte. Die Schriften des Jesaja sind führend unter den Schriftrollen, und ein Vers aus Jesaja konnte sehr wohl der Marschbefehl und die Verhaltensregel für die Qumran-Gemeinschaft gewesen sein. »In der Wüste«, so lautet es, »bereitet dem Herrn den Weg. Macht in der Steppe eine ebene Bahn unserm Gott« (Jes. 40, 3).

Es wird auch kein Zufall sein, daß eben diese Worte sich in den Aussprüchen wiederfinden, die von Johannes dem Täufer überliefert sind. Er war »eine Stimme« sagte er, »die in der Wüste ruft: Richtet den Weg des Herrn« (Joh. 1, 23). Der flammende Wüstenprediger, dessen Auftreten das Vorspiel der christlichen Geschichte darstellt, stand offensichtlich unter dem Einfluß

Bild unten: Die Küste des Toten Meeres mit der typischen Salzablagerung.

der religiösen Wüstengemeinschaften oder war vielleicht sogar Mitglied in einer von ihnen. Seine Aktivitäten spielten sich nur ein Dutzend Meilen von Qumran entfernt ab. Seine Jünger, die später zum Teil Christi »Menschenfischer« wurden, waren Bekehrte, die in ihr Alltagsleben zurückgingen und in das geschäftige und städtische Leben den Atem der Wildnisfrömmigkeit hineintrugen.

Die Tatsache, daß es in der jüdischen Religion eine Protestbewegung gegeben hat, war immer bekannt. Die Essener wurden im ersten Jahrhundert beschrieben. Tatsächlich hat Plinius, der römische Schreiber, dessen wissenschaftliche Neugier ihm beim Ausbruch des Vesuvs im August 79 n. Chr. den Tod einbrachte, eine Gemeinschaft am Toten Meer geschildert, die sehr wohl die Leute der Schriftrollen sein könnten. Ohne Zweifel hat er mit vielen Soldaten gesprochen, die im Jüdischen Krieg von 66–70 n. Chr. gekämpft hatten, in dem die Gemeinschaft von Qumran zerbrochen wurde, die aber ihre Bibliothek in den schützenden Höhlen zurückließ.

Die Ruinen mit ihren verschiedenen Räumen sind gut markiert: Töpferwerkstätten, Zisternen, Bäder sind zu entdecken. Schauen Sie sich das

Bild unten:
Eine Beduinenfrau in ihrem Zelt am Toten Meer.

Scriptorium an, wo die Sekretäre die Schriften abschrieben. Auf dem Friedhof liegen sowohl Männer als Frauen begraben. Somit handelte es sich nicht um eine zölibatäre Mönchsgemeinschaft. Die Halswirbel erzählen uns eine merkwürdige Tatsache: Die Qumraner müssen rote Gewänder getragen haben, die in einem Absud aus Krappwurzeln gefärbt worden waren. In diesem sengenden Klima saugten die Schweißdrüsen den Farbstoff tief in den Körper hinein.

Qumran kann sich natürlich nicht mit Bethlehem und Nazareth als der »Wiege des Christentums« messen. Aber immerhin sind einige der Formulierungen von Qumran in den Äußerungen Jesu wiederzufinden. Natürlich konnte man von einem Lehrer der einfachen Leute vom Lande, den sie »gern hörten« erwarten, daß er ein Vokabular verwandte, das dem zeitgenössischen Gebrauch nahe kam. Die Tatsache, daß die Bildersprache von Licht und Dunkelheit, die in den Schriften des Apostels Johannes häufig vorkommen, oder Ausdrücke wie »ewiges Leben« und das doppelte »Amen« oder »wahrlich, wahrlich, ich sage euch« auch in den Schriftrollen erscheinen, zeigt, daß Jesus die Alltagssprache seiner Zeit gesprochen hat. Aber im direkten Gegensatz zur strengen Ordnung der Qumraner war er kein Asket. Seine Feinde hielten ihm das vor. Er widersprach auch ihren ethischen Lehren. Man kann das in seinem klaren Gebot erkennen, die Feinde zu lieben. Qumran riet Haß für »den Feind des Lichtes«. »Liebt die Kinder des Lichts«, lautet der Qumrantext, »und haßt die Kinder der Finsternis«. Das ist ein Geheiß aus einem allegorischen Dokument, das man unter den Schriftrollen fand: »Der Krieg der Kinder des Lichtes und der Kinder der Finsternis«. Nichts konnte der Lehre Christi fremder sein. Sicherlich hat er zitiert, als er sagte: »Ihr habt gehört, daß gesagt ist: ›Du sollst deinen Nächsten lieben und deinen Feind hassen.‹ Ich aber sage euch: ›Liebet eure Feinde...‹« (Matth. 5, 43.44).

Es ist deswegen keineswegs überraschend, daß Vespasian im Jahre 68 n. Chr., als er das Jordantal methodisch säuberte, mit einiger Berechtigung die Sekte als eine Partisanenhöhle ansah und ihre Basis zerstörte. Die Leute hatten das wohl erwartet. Aber sie rechneten offenbar auch damit, wiederzukommen. Deswegen hatten sie ihre Bibliothek versteckt und die Rollen in großen irdenen Krügen in den Höhlen gelagert, die über die dahinterliegende abbröckelnde Felswand verstreut sind. Dort blieben sie, bis ein arabischer Hirtenjunge, der das Steinwerfen übte, wie David das Schleudern geübt haben mag, als er die Schafe seines Vaters bewachte, sein Ziel traf: Die Öffnung einer Höhle. Seine ausgezeichneten Ohren, von dem Lärm verschont, der das Gehör der Jugend von heute ruiniert, erfaßten das Klirren zerbrechender Tonwaren. Die dreißig Jahre zwischen Jesu Wirken und der Zerstörung der Siedlung hatten enorm viel zu dieser Bibliothek beigetragen. Wahrscheinlich sind einige Fragmente des Neuen Testaments aus sehr früher Zeit das faszinierendste.

Die Leute kamen niemals zurück. Einige von ihnen müssen 73 n. Chr. in Massada gestorben sein, denn eindeutiges Material aus Qumran ist in dieser

Bild rechts: Die Höhle von Qumran, in der die Sekte ihre Bibliothek verborgen hatte. Sie blieb bis 1947 unentdeckt.

Bild oben: Die Ausgrabungen von Qumran, im Hintergrund das Tote Meer.

Festung entdeckt worden. Bevor Sie weiterfahren, stellen Sie sich auf den höchsten Punkt und schauen Sie nach Westen und Süden. Im Westen kann man in der rauhen Felsenwand, die im Frühling mit etwas Grün überzogen ist, aber die meiste Zeit des Jahres in einem toten Grau erscheint, eine der Höhlen sehr gut sehen. Dann blicken Sie nach Süden, die Küste entlang. Nicht weit von der Straße ragt eine grüne Fläche heraus, die mit rauhen Büschen und Schilf bewachsen ist. Das ist En Feshkha, und das Grün stammt von der Quelle, die hier an die Oberfläche tritt. Es ist ein häufig besuchter Picknick- und Badeplatz. Hier bauten die Kibbuz-Leute von Qumran ihr Gemüse an . . .

En Feshkha

Die tiefstgelegene Straße der Erde folgt der Küste des Toten Meeres bis zur En-Gedi-Oase, einem von Davids Zufluchtsorten in den Jahren, als er vor Saul auf der Flucht war. Reichlich vorhandenes Wasser schuf ein fruchtbares und üppiges Gebiet (1. Sam. 24, 1; Hoheslied 1, 14). Archäologen haben die Überreste verschiedener Gebäude ausgegraben: eine Parfüm-Industrie und wahrscheinlich eine Siedlung der Essener, die aus römischen Quellen bekannt ist. Die Römer überrannten und verbrannten den Ort auf dem gleichen Vorstoß nach Süden, der Qumran verschlang. Es gibt dort für Besucher, die nur wenig Zeit haben, nichts Bedeutendes zu sehen.

En Gedi

Wenn wir nun weiter nach Süden fahren, treten die Berge an der rechten

Massada

Straßenseite zurück und weichen einer wasserlosen Ebene, in der der rauhe salzige Boden unter den Füßen knistert. Dornbüsche sind über die Landschaft verstreut und geben dem ersten Bild, das man von der mächtigen Bergfestung Massada bekommt, einen schwermütigen Rahmen. Sie wirkt wie ein Tafelberg. An seinem nördlichen Ende hatten des Herodes geniale Ingenieure einen Palast terrassenförmig auf drei Ebenen entworfen, um jede kühle Brise aufzufangen, die vom Tal heraufwehen könnte. Dies war »der hängende Palast« im Bericht des Geschichtsschreibers Josephus; man könnte auch sagen: eine luxuriöse römische Villa.

Massada war schon viel früher in der Geschichte bekannt und gelegentlich auch besetzt. Aber es war der erste Herodes, der es besonders zu seinem Eigentum machte. Die Herodianer waren eine bemerkenswerte Familie. Ein Jahrhundert lang hatten sie Rom gut gedient, und der Begründer der Dynastie, der Mörder der Kinder von Bethlehem, erfüllte die schwierige Aufgabe, die Juden zu regieren und dem Reich zu nützen, indem er Chancen und Gefahren klug gegeneinander abwog. Cäsarea, eine später noch zu besuchende Stadt, war das Eingangsportal für Rom und zugleich die Garnison. Aber Herodes hatte mehr als eine Zuflucht, falls seine Diplomatie einmal versagen sollte. Die Juden waren zwar durch den großartigen Tempel, den er für sie in Jerusalem gebaut hatte, besänftigt; die Römer überzeugte er von seiner Loyalität durch die Erstellung eines Augustus-Tempels in Samaria. Trotzdem: Herodion und Machärus, wo Johannes der Täufer starb, baute er als weitere Zufluchtsorte, an deren Existenz man die Ängste und Berechnungen dieses verschlagenen Gemüts erkennen kann.

Unser Zugang nach Massada ist vom Südosten her, wo uns eine Seilbahn schnell auf den Gipfel bringt – es sei denn, die Rüstigen legen Wert darauf, den langen, steilen »Schlangenpfad« zu wählen. Den schönsten Blick auf Massada genießt man, wenn man von dem 19 km südwestlich gelegenen Arad auf die Festung zufährt: Von einer hochgelegenen Straßenkehre kann man nach Massada hinunterschauen und sieht die weiße breite Speerspitze der riesigen Rampe, die die Römer für ihren Angriff auf die Festung gebaut haben. Ein guter Weg führt von dieser Seite nach oben über die Rampe, wo die Überreste der Verstärkungsbalken noch zu sehen sind. Leute mit einiger Kondition können auch diesen Zugang schaffen.

Professor Yigael Yadin – heute stellvertretender Ministerpräsident Israels – hat drei Jahre mit der Ausgrabung der königlichen Paläste, der zahlreichen Lagerhäuser und all der Befestigungen verbracht. Dazu kamen die Anlagen, die die Belagerer errichtet hatten, von denen fünf um Massada herum zu finden sind. Die Hälfte der berühmten zehnten Legion, die über eine gute Belagerungsausbildung und ganze Batterien von Schleudergeschützen verfügte, führte den Angriff. Für die Truppen muß das in diesem glühenden Tal eine unerträgliche Prüfung gewesen sein. Professor Yadin, der nicht nur einer der führenden Archäologen der Welt ist, sondern zugleich ein Armeegeneral, organisierte die große Aufräumungsexpedition mit einer Armee von Freiwilligen. Menschen aus allen Ländern und den verschiedensten Lebensgebieten verbrachten von 1963 bis 1966 Arbeits-Ferien in Massada. Yadin entdeckte, daß die Ausgrabung von Massada auf erstaunliche Weise die detaillierte Beschreibung des Josephus Flavius bestätigte, jenes jüdischen Widerstandskämpfers, der sich geschickt dem Krieg entzog und Mitglied der Zivilverwaltung des Vespasian wurde. Josephus muß ernstgenommen werden. Die Archäologie hat für diesen wortreichen Historiker etwa die Bestätigung gebracht, die sie für die Bibel erreichte. Josephus beschreibt mit genauen Angaben des Gebietes und der Abmessungen die Architektur des ganzen Komplexes auf eine Weise, die höchst trocken zu lesen, aber für den Archäologen eine Fundgrube ist.

Die Zeloten vertrieben 66 n. Chr., am Anfang der großen Revolte, eine kleine römische Garnison. Als dann Jerusalem wieder in die Hände der Römer fiel, zogen sich fast 1000 Männer, Frauen und Kinder hinter die riesigen Mauern von Massada zurück. Die langen Lagerhäuser waren mit Datteln und Korn gefüllt. Sie hatten ein geschickt konstruiertes Wassersystem, das jeden Tropfen Wasser auffing und verwahrte, der durch die blitzartigen Regengüsse in dieser Region sich niederschlug und hätten weniger entschlossenen Belagerungen sicher widerstehen können. Aber Vespasian mußte die Festung unterwerfen. Er war der einzige Überlebende der vier Befehlshaber der römischen Armeen, die das Reich in einem Bürgerkrieg auseinandergerissen hatten. Vespasian, Kommandeur der syrischen Legionen, wartete, bis sich die anderen Rivalen zu Tode gekämpft hatten. Dann marschierte er nach Rom und gründete eine neue Dynastie – die flavianische: Vespasian, Titus und Domitian. Vespasian mußte das verbliebene Widerstandsnest unterwerfen, sowohl um Frieden zu schaffen als auch um Rom zu beweisen, daß er nicht unbesonnen gehandelt hatte, als er Armee-Einheiten von dieser Front abgezogen hatte, um nach Rom zu marschieren.

Gegen die eiskalten Belagerungsmethoden der römischen Ingenieure und Sturmtruppen hatte sich die Tapferkeit vieler Völker als fruchtlos erwiesen. Die steilen Angriffsrampen wuchsen höher. Die Steine der Wurfgeschütze trommelten unaufhörlich. Der Bericht des Josephus über den Sturm ist eine grausame Lektüre. Eleazar, der Befehlshaber der Juden, hielt zwei lange Reden, in denen er seine Mitkämpfer ermahnte, die Sieger dadurch zu betrügen, daß sie Massenselbstmord begingen. Seine Sammlung von moralischen und theologischen Argumenten ist grauenvoll. Der jüdische Historiker berichtet das alles mit gnadenloser Ausführlichkeit. Die Männer umarmten ihre Frauen und Kinder und schnitten dann ihre Kehlen durch. In den Ecken ihrer Zimmer zündeten sie ihre letzten Habseligkeiten an. Zehn Männer wurden durch das Los ausgewählt, die restlichen zu erschlagen. Diese legten sich neben die Leiber ihrer Familien, und die zehn Scharfrichter gingen systematisch an die Arbeit. Aus den zehn wurde dann ein Mann ausgelost, der seine neun Kameraden tötete. Eben diese Lose, Tonscherben, die die Namen der zehn tragen, sind gefunden worden, und die Buchstaben sind noch auf dem getrockneten Ton zu lesen. Die Lose wurden dann in einen Helm geworfen, und eins wurde herausgezogen. Der in diesem Leichenhaus übrig-

Bild rechts:
Die Rekonstruktion des Bades im Herodes-Palast von Massada.

gebliebene einsame Überlebende ging die Reihen der Toten entlang und stellte mit einem Stoß hier und einem Hieb dort sicher, daß keine Spur Leben übrigblieb. Dann, sagt Josephus, trieb er das Schwert in seinen eigenen Körper. Man kann sich sein Ende vorstellen.

Auf den Stufen von Herodes' kleinem Badehaus fand man die Überreste von drei Körpern. Die Ausgrabenden haben den Schutt mit großer Sorgfalt weggeräumt. Plättchen von einem Schuppenpanzer sprechen für Soldatenleichname. In der Nähe lag die Leiche einer jungen Frau. Ihre Kopfhaut war in der trockenen Luft noch erhalten. Ihr dunkles, wunderschön geflochtenes Haar sieht aus, als wäre es für den Todestag frisch gekämmt worden. Der Putz an der Wand daneben war mit Blut befleckt. Auf den Stufen lagen hübsche Damensandalen und das Skelett eines Kindes... War dies der letzte lebende Mann, der durch sein eigenes Schwert starb, nachdem er Frau und Kind getötet hatte?

So starben fast 1000 Juden. Aber zwei Frauen hatten fünf Kinder in weit entfernte Keller gebracht und verbargen sich dort mit Nahrung und Getränken. Als die Römer ihren endgültigen Angriff starteten, einbrachen und in Erstaunen und Fragen ob der schrecklichen Einsamkeit innehielten, kamen die Überlebenden heraus und erzählten, was geschehen war. Die Römer selber, sagt Josephus, hatten keine Freude an dem Geschehen. Noch fast drei Jahre lang, nachdem Jerusalem gefallen war, hatten sich hier die Juden gehalten.

Das ist der Grund dafür, daß Massada ein Pilgerort ist. Heute leisten Soldaten dort ihren Eid, und in vielerlei Zusammenhang kann man hören: »Shenith Massada lo tipol« – »Massada soll nicht wieder fallen«.

»Ja«, sagt ein Israeli namens Gideon zu mir, »wir sind noch auf Massada. Wir sind noch belagert. Wir wissen das Ende nicht – außer dem: Wir werden uns niemals unterwerfen.« Ein ehrfurchtgebietender und bewegender Ort! Die Steine scheinen die Worte wiederzugeben, die den wahnsinnigen, aber heldenhaften Widerstand beendeten: »Meine treuen Gefolgsleute, vor langer Zeit haben wir beschlossen, weder den Römern noch irgend jemand sonst zu dienen, sondern allein Gott... Jetzt ist die Zeit gekommen, wo wir unsere Entschlossenheit durch unsere Taten beweisen müssen. Zu solcher Zeit dürfen wir uns nicht selbst Lügen strafen. Laßt unsere Frauen ungeschändet sterben und unsere Kinder ohne die Erfahrung von Knechtschaft. Laßt uns unsere Freiheit als ein ruhmreiches Blatt bewahren. Aber zuerst laßt all unseren Besitz und unsere Festung in Flammen aufgehen... Nur eins wollen wir verschonen – unsere Lebensmittelvorräte. Sie werden davon Zeugnis ablegen, daß wir nicht an Mangel gestorben sind, sondern weil wir, wie wir das von Anfang an beschlossen hatten, eher den Tod wählten als Sklaverei.«

Sodom liegt weiter südlich, wahrscheinlich unter dem flachen Wasser an diesem Ende des Toten Meeres. Werfen Sie einen Blick auf die Landkarte: Sie können direkt von Massada nach Arad weiterfahren oder noch bis fast zur Südspitze des Toten Meeres der Küstenstraße folgen und dann auf einer

Bild links:
Massada aus
der Luft.

Bild oben: Kamele von Beduinen weiden in einer Landschaft, die sich seit der Zeit der Patriarchen kaum verwandelt hat.

Hauptstraße Arad erreichen. Das letztere werden Sie tun, wenn Sie sich noch einmal vom Salzwasser tragen lassen wollen – zu sehen gibt es auf dieser Route nicht viel.

Von Arad fahren wir in Richtung Be'er Sheva – aber selbst für einen Blitzbesuch dort ist die Zeit zu knapp. Abgesehen von der Veränderung, die Israel über die Wildnis hier errungen hat, gibt es auch wenig Grund, sich lange aufzuhalten. Be'er Sheva ist eine Stadt mit 100000 Einwohnern und einer Universität in einem Landstrich, der durch jahrhundertelangen moslemischen Raubbau und vielleicht auch wegen der idiotischen türkischen Steuer für Bäume unfruchtbarer Sand war. Be'er Sheva liegt nur etwa 15 km südlich von dem Punkt, wo unsere Straße von Arad in nordöstlicher Richtung nach Hebron abzweigt. Aber selbst eine Stunde wird kaum für den Abstecher zur Verfügung stehen. Es ist auch ein anstrengender und ermüdender Tag gewesen, besonders wenn die Hitze in Massada so intensiv war, wie sie manchmal sein kann. Idealerweise sollte man – und das müßten Sie für einen nächsten Besuch vormerken, den Sie vielleicht eines Tages für sich selbst arrangieren – in der Kühle des Morgens in Massada sein.

Be'er Sheva

Aber erinnern Sie sich doch noch, daß das Gebiet um Be'er Sheva der Lieblingsplatz der Patriarchen war. Es muß dort gute Weidemöglichkeiten für die ziemlich großen Herden und auch Wild für Esaus Jagd gegeben haben; denn hier ist es gewesen, wo er geringschätzig sein Erstgeburtsrecht wegwarf (1. Mose 27).

In Hebron, das wir nun erreichen, gibt es eine große, stattliche Moschee, in die Mauerwerk von einer antiken Festung integriert worden ist. Sie bedeckt –

Hebron

und diese Annahme könnte stimmen – die Höhlen von Machpelah, die Abraham von den Hethitern als Grab für seine Toten kaufte (1. Mose 23, 9). Teppichbedeckte Wölbungen auf dem Boden – kein schöner Anblick – markieren die Stellen, wo die Toten liegen sollen. Hebron selbst ist aber ein schöner Ort. Es war der erste Königssitz Davids (2. Sam. 2, 1–10). Hier rief Absalom die Rebellion gegen seinen Vater aus und schwelgte in seinem vermeintlichen Sieg, während sein soldatischer Vater sich rasch nach Osten zurückzog und damit in Sicherheit brachte (2. Sam. 15 und 16). Der Ort hat auch in unserem Jahrhundert seine dunkle Stelle: 1929 tötete die arabische Bevölkerung alle jüdischen Bewohner der Stadt. Es waren zumeist wehrlose orthodoxe Juden, die wegen der Erinnerung an ihre ehrwürdigen Patriarchen von Hebron angezogen worden waren und dort Wohnung genommen hatten.

Im Sechs-Tage-Krieg hat sich trotz des heftig umkämpften Gebietes nördlich der Stadt die arabische Bevölkerung von Hebron aus Angst vor Rache für jenes Massaker ohne einen Schuß ergeben, dank der Überredungskunst eines klugen und mächtigen Bürgermeisters.

Bethlehem

Dann sind wir in Bethlehem, 18 km südlich von Jerusalem und 690 m über dem Meeresspiegel. Es ist die Stadt, wo Rahel starb, wo Benjamin, ihr zweiter Sohn, geboren wurde (1. Mose 35, 16–22), und es ist zugleich der Schauplatz der Romanze zwischen Ruth und Boas. David hütete die Schafe seines Vaters auf diesem hügeligen Hochland (1. Sam. 16). Hier begann sein Weg in das Tal von Ela, wo er Goliath tötete (1. Sam. 17).

Wir kommen vom Süden in die Stadt, und Sie und Ihre Uhr müssen entscheiden, ob Sie sich noch ein bißchen in den Andenkenläden umsehen wollen. Die Hausierer beherrschen die Zufahrten zu dem gepflasterten Platz vor der alten Kirche. Aber es hat kaum Sinn, daß der Pilger sich darüber aufregt. Die Armen dieser Stadt müssen leben, und dies ist ihre Haupteinnahmequelle.

Die alten Zugänge zur Geburtskirche wurden schon von Justinian und dann wieder von den Kreuzfahrern zugemauert. Die winzige, niedrige Pforte wurde geschaffen, um sicherzustellen, daß nichts entweiht wurde durch rauhe Eindringlinge, die zu Pferde hereinreiten wollten. Sicher ist es heilsam, sich beim Eintritt zu verbeugen!

Die Kirche ist alt und innen düster. Durch Risse im derzeitigen Boden werden alte Mosaiken sichtbar. Vielleicht ist es der Boden der ersten Kirche, die an dieser Stelle stand, erbaut durch die Kaiserin Helena.

Ein paar Stufen hinab ist eine Höhle mit Marmor eingefaßt, vollbehangen und vollgestopft mit all dem Flitter menschlicher Andacht. Es gibt kaum einen Zweifel, daß dies der tatsächliche Ort der Geburt Christi ist. Eine Traditionskette kann durch die moslemischen Zeiten bis in die Ära des römischen Reiches zurückverfolgt werden. Als die Römer Jerusalem 70 n. Chr. einschlossen, waren die Christen bereits über den Jordan nach Pella geflohen. Nach dem Krieg wurden die Ruinen von Jerusalem und das umliegende Land wieder bevölkert, und manch ein Christ konnte sich noch an den heiligen Ort erinnern. Die dunkle und vollgestopfte Höhle da unten, erfüllt mit

Bild auf den beiden folgenden Seiten: Ein Dorf bei Hebron im ersten Morgenlicht.

dem Geruch brennender Lampen, kann also sehr wohl ein Teil des Stalles mit der berühmten Herberge gewesen sein.

Unbeabsichtigterweise hat der heidnische Kaiser Hadrian die Stelle gekennzeichnet. Er verabscheute die Juden und ihre überhebliche Religion. 60 Jahre, nachdem Titus Jerusalem zerstört und – wie es den Anschein hatte – die halsstarrige Nation entwurzelt hatte, erhoben sich die Juden noch einmal gegen Rom. Ein wilder nationalistischer Sturm fegte durch die Gettos des östlichen Mittelmeeres. Der Osten des römischen Reiches stand wieder in Flammen. Die Armeen Hadrians brauchten zwei Jahre, um den fanatischen Widerstand zu brechen. Und wegen dieses Fanatismus machte sich Hadrian blutbefleckt, aber schließlich doch siegreich daran, die Stätten und Symbole des Judentums auszulöschen.

Jüdische und christliche Stätten wurden gleichermaßen entweiht. Für Hadrian waren beide dasselbe. Er wußte, daß Bethlehem der Geburtsort des Königs David war. Er wußte auch, daß manche glaubten, daß »Davids größerer Sohn« dort in einer einfachen Hirtenkarawanserei geboren worden sei. Er pflanzte an dieser Stelle einen Hain, der dem Adonis geweiht war, dem knabenhaften Geliebten der Venus, der Göttin der Liebe.

Ironischerweise hat er damit dafür gesorgt, daß die Nachwelt sich erinnerte. Somit hatte die Kaiserin Helena keine Schwierigkeit, ihre Gedenkkirche an der richtigen Stelle zu placieren. Wenn Sie noch einen Schuß Ironie dazuhaben wollen: Israel hat in einem Museum von Jerusalem eine Statue von Hadrian aufgestellt, die man in Galiläa gefunden hat.

Als Hieronymus 386 n. Chr. nach Bethlehem kam, um dort zu leben, erinnerte man sich noch an den gotteslästerlichen Hain. Er schrieb: »Die heiligste Stelle war vom Adonisgrab überschattet, und die Höhle, wo das Christuskind einst weinte, war da, wo man den Liebhaber der Venus beweinte.«

Heute ist es vom Anblick her kein Ort, der die Seele bewegt, wie es etwa der See Genezareth oder andere stille Stätten des Landes tun.

Der Wirt der Weihnachtsgeschichte handelte übrigens keineswegs besonders unanständig. Die Reisenden des 19. Jahrhunderts fanden in Palästina noch solche Übernachtungsmöglichkeiten vor: erhöhte Podeste, wo Gäste sich niederlegen konnten, während die Tiere zu ebener Erde angebunden waren. Joseph und Maria waren nicht reich. Die besseren Unterkünfte im Gasthaus mögen auch zu teuer gewesen sein, und andere aus Davids Stamm waren vielleicht vor ihnen angekommen und hatten darum Vorrang.

Die Höhle war warm und geschützt. Steinerne Krippen, wie Archäologen sie zwischen den Weltkriegen in den Ruinen von Megiddo ausgegraben haben, müssen entlang der Wand gestanden haben. In einer von ihnen kam der Gottessohn zur Welt.

Am Ende eines langen Tages finden wir wieder nach Jerusalem zurück. Der morgige Tag wird noch einmal der Hauptstadt Israels gehören.

Bild rechts:
Blick auf die
Geburtskirche
in Bethlehem.

Vierter Tag

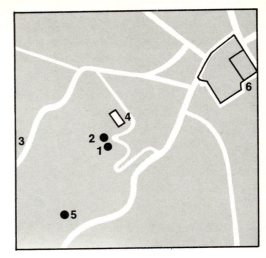

Jerusalem: ① Israel-Museum – ② Schrein des Buches – Berg Zion – ③ Herzl-Berg – Hadassah-Hospital – Yad VaShem – ④ Knesset – Menorah – ⑤ Holy-Land-Hotel mit Jerusalem-Modell – ⑥ Ausgrabungen im Tempelbezirk

Heute müssen wir bei unserem Besichtigungsprogramm besonders beweglich sein. Wir sind ja nicht die einzigen Besucher in Jerusalem – andererseits haben wir keine Zeit, Schlange zu stehen. Das Israel-Museum sollten wir als ersten Ort ansteuern. Ich habe vergeblich versucht, die Hauptsammlungen zu sehen – der Andrang war zu groß.

Ein einsichtsvoller und gutunterrichteter Führer wird in der Lage sein, einen Rat zu geben, wie man solche Wartezeiten nützt, um inzwischen anderes zu besehen.

Der für uns wichtigste Teil des Museumskomplexes ist der ›Schrein des Buches‹, ein erstaunliches Gebäude sowohl in Bezug auf seine architektonische Symbolik als auf seinen Inhalt. Das Gebäude ist wie eine Reihe von unterirdischen Höhlen konstruiert und von einer zwiebelförmigen Kuppel aus 270000 weißen Ziegeln überdacht, geformt wie die Krugdeckel der irdenen Behälter, in denen die Rollen vom Toten Meer gefunden wurden. Eine große quadratische Basaltmauer, tiefschwarz, schafft einen reizvollen Kontrast. Schwarz und weiß repräsentieren das Licht und die Finsternis, und angemessenerweise beherbergt der Schrein neben der wunderschönen Jesajarolle das merkwürdige Dokument von Qumran, das als »der Krieg der Söhne des Lichts gegen die Kinder der Finsternis« uns bereits bekannt ist. Das Gewicht der schweren Basaltwand steht für die Last, die auf Israel gelegen hat.

Dort kann man auch die Überreste des Bar-Kochba-Aufstandes sehen. Obwohl die Höhlen, aus denen die Überreste stammen, nicht weit vom Toten Meer liegen, sind sie in der Wildnis versteckt und für gewöhnliche Besucher nicht zugänglich. Sie wurden durch Hubschrauber-Aufnahmen entdeckt.

Der zweite jüdische Aufstand hatte seine Ursache hauptsächlich in einer Fehleinschätzung des Hadrian. Es war erst 62 Jahre nach der Belagerung durch Titus, und der Kaiser war sich nicht bewußt, daß die Trümmer, in denen Jerusalem noch immer lag, für die Juden jener Tage die gleiche Bedeutung hatten wie einst die Ruinen, die Nebukadnezar zurückließ, für die Ju-

Israel-Museum

Schrein des Buches

Bild rechts: Der »Schrein des Buches«.

den im Exil: ein Ort, an den man Hoffnung und Erwartung knüpfen konnte.

Wir haben es schon etliche Male erwähnt: Hadrian beschloß, ein neues Jerusalem zu bauen und nannte es Aelia Capitolina nach sich selbst (Aelius Hadrianus) und nach Jupiter, dessen Tempel auf dem Capitolberg in Rom stand. Hadrian, der meistgereiste unter allen Kaisern, hätte die Juden besser kennen müssen. Auf einen Schlag stand das Land in Flammen. Ein Bar-Kochba tauchte auf, ein »Messias der Wildnis«. Die Explosion war so unerwartet, die Führerschaft so fanatisch, daß Bar-Kochba eine Zeitlang tatsächlich der Herr des Landes war, und erhaltene jüdische Münzen sind in diesem Museum entsprechend gekennzeichnet. Sie tragen Inschriften wie »Simon, Prinz von Israel«, »Für die Freiheit Jerusalems«, »Für die Freiheit Israels«.

Wieder brauchten selbst die systematisch vorgehenden Römer drei Jahre erbitterten, verzweifelten Guerillakrieges, um die Scharen wilder jüdischer Rebellen aus den Bergen, Schluchten und Höhlen, die einst David Schutz geboten hatten, zu vertreiben. Die Menschenverluste waren erschreckend. Eine halbe Million Juden fiel, und Judäa wurde wieder als Wüste zurückgelassen. Aber auch die Verluste der Römer waren so schwer, daß Hadrian in seinem Bericht an den Senat, in dem er das Ende des Krieges bekanntgab, die übliche Einleitungsformel ausließ, daß es »ihm und seiner Armee gut gehe«.

Ein Versteck mit Briefen und Feldzugdokumenten von Bar-Kochba ist in einer Höhle am Toten Meer entdeckt worden. Es ist interessant, seine präzisen Befehle zu lesen. Die Dokumente tragen verschiedene Handschriften, so daß uns wohl kaum die eigene Handschrift des Guerilla-Führers erhalten ist. Adjutanten waren ohne Zweifel die Schriftgelehrten. »Was immer Elisa sagt, tue« lautet ein Befehl. Ein anderer befiehlt die Verhaftung von Tahnun-Ben-Ishmael und die Beschlagnahme seines Weizens. Ein anderer fordert die Bestrafung von einigen, die ungeachtet der Politik der verbrannten Erde ihre Häuser repariert hatten...

Zehn der Briefe sind entziffert worden. Sie sind unterschrieben »Simon Bar Koziba«, das war der Name des Helden, ehe er den messianischen Titel »Bar Kochba« oder «Sohn eines Sternes» annahm. Christus, der sein Volk kannte, hatte selbst vor solch gefährlichen Ansprüchen gewarnt.

Die Worte Christi waren in Erfüllung gegangen (Matth. 24, 24–26). Die Adler hatten sich gesammelt (Matth. 24, 28). Der Adler war das Wappenzeichen auf den Legionärsstandarten. Es war ein hoffnungsloser Kampf, der in den Fluchthöhlen in der Wildnis endete, die Professor Yadin mit seiner gewissenhaften Suche auf den unwirtlichen Hügeln und Tälern dann entdeckte und erforschte. Die Überreste liegen im unteren Teil des Schreines des Buches – Schriftfetzen, die über das Leben einer Frau berichten, Heirats- und andere Verträge, Briefe, und rührenderweise eine Ziegenledertasche mit Perlen, einem Spiegel, einem Kamm, anderen Toilettenutensilien: alles zerbrechliche Überreste aus der Zeit einer unsinnigen Rebellion.

Den Berg Zion sollte man als nächstes besuchen. Dort findet man das Davidsgrab. Es ist kein sehr begeisternder Platz, und auch das Cenaculum, der

Berg Zion

angebliche Ort des letzten Abendmahles, ist keine besonders überzeugende und inspirierende Stelle. Wenn Sie noch eine weitere, ebenfalls weniger bedeutsame Gedenkstätte mitnehmen wollen, dann liegt die Dormitio-Abtei, wo Maria gestorben sein soll, in der Nähe.

Herzl-Berg

Hadassah-Hospital

Andere Visiten, die in das Programm eingefügt werden können, wenn Zeit und Gelegenheit es erlauben, sind die hebräische Universität im Westen der Stadt und der Herzl-Berg mit der Ruhestätte von Dr. Theodor Herzl, dem Propheten des neuen Israel. In der gleichen Richtung erreicht man Qiryat Hadassah, das medizinische Zentrum der Universität. Akademiker und Ärzte in der Gruppe werden diese Stätten gern besuchen, aber sie zeugen beredter vom modernen als vom alten Israel. In der Synagoge von Hadassah kommt freilich auch der Normaltourist auf seine Kosten. Dort sind die sehenswerten Glasfenster mit Symbolen der zwölf Stämme Israels, geschaffen von Marc Chagall. Vom Herzl-Boulevard, der Straße zum Hadassah-Hospital, hat man einen wunderschönen Blick auf En Kerem, den Geburtsplatz Johannes des Täufers. Es liegt zwischen Zypressen- und Olivenbäumen, ein friedlicher Anblick.

Yad VaShem

An der Straße vom Herzl-Berg abwärts liegt das Denkmal für die sechs Millionen Juden des »Holocaust«, Yad VaShem. Es ist einer der Orte, an die Präsident Sadat von Ägypten bei der Gelegenheit seines berühmten Besuches in Jerusalem 1977 geführt wurde. Man versteht Israel besser, wenn man ihn gesehen hat. Er hinterläßt einen tiefen Eindruck.

Jener Besuch Sadats war, wenn man sich einmal in die arabische Lage zu versetzen bemüht, etwas Ungeheuerliches. Wer sich fragt, warum die Israelis Anwar Sadat gerade nach Yad VaShem führten, sollte an das Vermächtnis von Massada denken. Als im November 1947 der Konflikt zwischen den Israelis und den Arabern ausbrach und im Mai 1948 reguläre Einheiten der Armeen von Ägypten, Jordanien, Irak, Syrien und Libanon nach Israel einfielen, erklärte Azzam Pasha, Generalsekretär der Arabischen Liga in Kairo (es war am 15. Mai 1948): »Dies wird ein Ausrottungskrieg werden, von dem man wie von den mongolischen Massakern und den Kreuzzügen sprechen wird.« Die kämpfenden Länder haben einen langen Weg zurückgelegt, seit diese grimmigen Worte gesprochen wurden. Aber für viele haben diese Worte immer noch ihre Bedeutung, und es ist angemessen, sich vorzustellen, was in den Gedanken jener vorgeht, die hinter solchen gespannten und umstrittenen Grenzen leben. Seit Salomo hat Israel immer hinter Grenzen der Furcht gelebt.

Knesset

Es gibt in Jerusalem noch einen Ort, den man unbedingt besucht haben muß. Eine breite Straße führt zu ihm. Auf der einen Seite stehen die bronzenen Tore der Knesset, auf der anderen die gewaltige Menorah, Israels siebenarmiger Leuchter. Die Besuchszeiten für die Knesset sind verhältnismäßig eng begrenzt, und unser Tagesprogramm wird kaum so zugeschnitten sein, daß wir die Besichtigung schaffen.

Aber man kann für ein paar Minuten in dem kleinen Park sitzen, an dem

hoch aufgerichteten Zeichen vorbeischauen und die Tore und das Gebäude dahinter beobachten. Ich habe dort einmal ein Bild aufgenommen, auf dem dies alles zu sehen war – zusammen mit einer Busladung israelischer Kinder, die in Reih und Glied saßen, jedes mit einem Kibbuz-Hut auf dem Kopf und in der Hand eine Plastiktüte mit einer Orange, einem Ei und einem Brötchen. Daneben saß ein israelischer Soldat auf Wache, entspannt und doch aufmerksam die Maschinenpistole im Anschlag: ein angemessenes Bild für Israel, wie es ist, und für die Hoffnung, die das Israel von heute für das kommende Israel hat. Kinder wie diese erstickten wenig mehr als eine Generation zurück im Gas der KZ-Lager...

Das will die symbolische Bronzearbeit an den Knesset-Toren auch sagen. Sie soll die Vision des Hesekiel vom Tal der Totengebeine darstellen, in die der Prophet seine Hoffnung für eine nationale Wiedergeburt gelegt hatte (Hes. 36, 22–38). Dann träumte Hesekiel einen merkwürdigen Traum (37, 1–14): Er sah sich auf einem weiten Schlachtfeld der Vergangenheit. Die Knochen der Gefallenen lagen ausgebleicht unter den Büschen und im Unkraut. Das war ein Bild für Israel: trocken, tot, ohne Hoffnung.

Bild oben: Die Knesset, das Parlament, gesehen durch die Bronze-Tore, die die Wiedergeburt Israels nach der Vision Hesekiels andeuten.

Bild oben:
Die Menorah
vor der Knesset.

Aber nun kam das Wort zu ihm: »Du Menschenkind, meinst du wohl, daß diese Gebeine wieder lebendig werden?« Hesekiel antwortete: »Herr, mein Gott, du weißt es.« Dann tat er, was ihm aufgetragen und geschenkt war: über dieses Totenfeld das lebenschaffende Wort Gottes auszurufen. Nun kam plötzlich Bewegung in den Haufen der Toten, Gebeine rückten zusammen. Der Film der Zeit lief sozusagen rückwärts, Fleisch und Sehnen wurden wieder sichtbar... aber das alles war noch tot... Hesekiel wird dann befohlen, in Gottes Namen den Wind zu rufen. Man muß bedenken, wenn man dieses merkwürdige Wortbild verstehen will, daß im Hebräischen wie im Griechischen, den Sprachen der beiden Testamente, dieses Wort sowohl Atem als Wind als auch Geist bedeutet.

Der Wind spielt in der Bibel eine bedeutsame Bildrolle. Der Wind in der Sinai-Schlucht sprach zu Elia über das Walten Gottes (1. Kön. 19, 11. 12). Hiob war sich bewußt, daß Gott es ist, der dem Wind sein Gewicht gibt (Hiob 28, 25). Es war ein Ostwind, den Jeremia mit der Gewalt verglich, durch die Israel zerstreut werden sollte (Jer. 18, 17). Von demselben Wind, der aus der sengenden arabischen Wüste herausfährt, sah Hesekiel die Schiffe von Tyrus zerschmettert (Hes. 27, 26). Andere Winde wiederum bringen Leben, und Hesekiel, der im Tal des Todes stand, mag die erfrischende Brise im Sinn gehabt haben, die vom Norden her den Nachmittag belebt, oder die Winde, die aus dem Westen wehen, wie sie regenbeladen zu Elia kamen (1. Kön. 18, 41–46). Vom Wind als Bild für Gottes Geist redet auch Jesus in seinem berühmten Gespräch mit Nikodemus (Joh. 3, 8). So müssen wir auch Hesekiel verstehen, seine verzweifelte Hoffnung, seinen leidenschaftlichen Glauben an die Kraft Gottes, die Persönlichkeiten, Nationen, ja die Geschichte der Welt verändern kann. Wie angemessen ist diese Darstellung vor dem Zentrum des Staates Israel und seiner Verwaltung!

Aber jetzt schauen Sie sich die Menorah an. Der Gedanke eines Leuchters, der eine siebenfältige Lichtquelle darstellt, ist so alt wie die Anweisungen für die Einrichtung des Heiligtums (2. Mose 25, 31–40). Sacharja gibt uns eine Vorstellung, wie in den späteren Heiligtümern des hebräischen Gottesdienstes diese Einzelheiten verstanden wurden (Sach. 4, 2). Wie die Menorah in Herodes' prächtigem Tempel ausgesehen hat, ist von ihrer deutlichen Wiedergabe auf dem Titusbogen in Rom bekannt, wo der Sieg des Eroberers dargestellt ist. Der siebenarmige Leuchter sieht dort genauso aus, wie Sacharja ihn dargestellt hat. Israel hat ihn heute als Symbol übernommen.

Menorah

Setzen Sie sich mit dem Rücken gegen die rauhe Mauer aus Jerusalemer gelb-braunem Stein und bedenken Sie das Schaustück der Geschichte vor sich – den »Leuchter«, wie die Bibel übersetzt, ein Symbol vom Auszug bis zur Vollendung der Geschichte Israels. Die Muster in den Metalltüren versinnbildlichen den Kampf Israels um Wiederbelebung. Und dahinter liegt das quadratische Gebäude, wo in den kommenden Jahren möglicherweise Entscheidungen getroffen werden, die nicht nur den Gang der Dinge im Nahen Osten beeinflussen werden, sondern vielleicht den der ganzen Welt. Vergessen Sie nicht, daß Harmagedon in anderen Sprachen ein sinnbildlicher Ausdruck für endzeitliches Geschehen ist. In Israel ist es ein Stück Geographie...

Schließlich sollte man auf dem Gelände des Holy-Land-Hotels im Südwesten der Stadt ein Modell des Jerusalem im ersten Jahrhundert n. Chr. besichtigen. Dabei handelt es sich um eine komplette Nachbildung im Maßstab 1:50 des herodianischen Jerusalem, mit seinen Straßen, großen Palästen, mächtigen Mauern und Befestigungen, von einem Team von Architekten, Historikern und Archäologen zusammengestellt. Es ist notwendig, daß man einen guten Führer hat und sorgfältig zuhört. Gebrauchen Sie auch Ihre Kamera, oder kaufen Sie Dias und Fotografien von diesem faszinierenden Modell. Ein angemessenes Studium des Jerusalem Modells wird behindert, wenn zu viele Gruppen gleichzeitig an dieser Stelle sind. Aber vielleicht hat Sie der Besuch doch angeregt, die Ausgrabungen in und rund um die Altstadt zu besichtigen. Falls die Zeit heute zu knapp werden sollte, ist morgen nachmittag freie Zeit vorgesehen, und ein Gang zum Ausgrabungsgebiet ist

Holy-Land-Hotel mit Jerusalem-Modell

eine gute Zeitinvestition – zumindest solange man den Grundriß des Modells noch einigermaßen im Gedächtnis hat. Wer sich für die mühsamen Arbeiten der Archäologen interessiert, wird hier reichlich belohnt werden.

Ausgrabungen im Tempelbezirk

Israel begann mit den Ausgrabungen sofort nach dem Sechs-Tage-Krieg an der südlichen Mauer des Tempelberges. Sie wurden weitergeführt bis zur westlichen Mauer in der Nähe des sogenannten Robinson-Bogens. Zunächst hing man weitgehend von den Beobachtungen ab, die Captain Charles Warren, ein britischer Armeeingenieur und Archäologe vor hundert Jahren, gemacht hatte. Dann kam man glücklicherweise über diese Anfänge hinaus in eine Periode, die sowohl in der Mischna- und Talmud-Literatur wie bei Josephus gut bezeugt ist. Die Überreste, die sortiert und unterschieden werden mußten, reichten von der Zerstörung des Tempels bis zur arabischen Besetzung. Aber die Aufmerksamkeit der Israelis konzentrierte sich auf die antike Topographie Jerusalems. Der Bericht der hebräischen Universität beschreibt, wie dort, wo der gewachsene Fels ostwärts vom Hügel hinunter in das »Käsemachertal« abfällt, von dem man dann wieder zum Ophelberg hinaufsteigt – jenem Hang, auf den David seine königliche Stadt baute – wie es dort in der Landschaft vor 2000 Jahren drastische Veränderungen gegeben haben muß. Es sind die Ergebnisse der Ingenieurarbeit zur Zeit des Herodes. Er verdoppelte die Ausdehnung des antiken Tempelgeländes, indem er das »Käsemachertal« auffüllte und ebenso den westlichen Hang des Kidrontales. Die Absicherung dieses großen Gebietes mit seinen riesigen Mengen Füllmaterial wurde erreicht durch gewaltige Mauern, die auf den gewachsenen Fels gegründet wurden. Das waren jene gigantischen Steinmetzarbeiten, die die galiläischen Jünger Jesu bewunderten.

Im äußeren Tempelhof, entlang seiner südlichen Begrenzung, baute Herodes die »königliche Stoa«, jene Säulenhalle, über die Josephus uns berichtet, daß sie »ein Gebäude war, bemerkenswerter als irgendein anderes unter der Sonne«. Man glaubte früher, daß Herodes zwischen dieser »Stoa« und den Palästen der Vornehmen in der oberen Stadt eine Brücke gebaut habe, von der nur »Robinsons Bogen« heute noch übrig sei, jenes Mauerstück, das aus der Westwand herausragt, wenige Schritte nördlich der Südwestecke des Tempelberges. Dieser Rest, so meinte man, sei das Überbleibsel eines riesigen Bogens, der einmal die herodianische Straße überspannte, die an der Westmauer entlanglief. Aber im Licht jüngerer Entdeckungen erscheint es so, als ob man die Theorie von der königlichen Brücke fallenlassen müsse, denn bis heute sind noch keine Beweise gefunden worden, die die Theorie untermauern, daß eine Brücke zwischen dieser Stelle und der Oberstadt bestanden hat. Statt dessen hat man eine Reihe von abgestuften Gewölben entdeckt, die darauf hinzuweisen scheinen, daß vom »Käsemachertal« ein Treppenhaus nach oben zum Robinsonbogen geführt hat.

Man fand die Überreste eines Pfeilers – das westliche Gegenstück zum »Robinsonbogen«. Sein guterhaltener unterer Teil läßt keinen Zweifel an seiner herodianischen Herkunft. Im Innern des Pfeilers gibt es vier Kammern, die sich zur Straße hin öffnen. Auf Grund von Funden – Keramikwa-

67

ren, Töpfergewichte und Münzen – nimmt man an, daß die Kammern Läden für die Tempelbesucher waren.

An der Südwestecke des Tempelbereichs ist eine herodianische Straße entdeckt worden, die mit großen quadratischen Platten gepflastert ist und Stufen hat, die nach Osten ansteigen. Sie war völlig mit dem Schutt der schrecklichen Zerstörung von 70 n. Chr. bedeckt. Münzen und Scherben aus diesem Gebiet müssen noch näher untersucht werden. Ein Steinbruchstück trägt zwischen zwei Vogelfiguren die Inschrift »Korban« (Opfer), wahrscheinlich ein Hinweis auf ein Geburtsopfer. Ein anderer wichtiger Fund war der Teil einer Säule mit einer Inschrift über Vespasian, in der auch Titus und seine zehnte Legion erwähnt werden.

»Wir haben jetzt den Punkt erreicht, wo die literarischen und archäologischen Beweise sich zusammenfügen«, sagte Professor Mazar, als er 1971 den Fund eines großen herodianischen Ecksteins bekanntgab, der Teil der Tempelmauer-Zinne gewesen ist. Auf diesen Eckstein bezog sich Josephus, der einen bestimmten Platz an der Südwestecke der Tempelmauer erwähnte, von der der Priester den Anfang und das Ende des Sabbats durch das Blasen der Trompete bekanntgab. Den Stein fand man im Schutt der herodianischen Straße, des gepflasterten Weges, der von der Südmauer in Richtung auf das sogenannte Doppeltor führte. Er lag 35 Meter unter der angenommenen Zinne der Tempelmauer und wurde wahrscheinlich im Zug der Zerstörung des Tempels hinuntergestürzt – eine lebendige Illustration für den Eifer der Zerstörungskommandos, die alle jüdischen Symbole vernichten sollten. Der Stein trägt eine Inschrift und hat eine Ausbuchtung, von der man annimmt, daß dort der Priester stand, wenn er den Beginn des Sabbats bekanntgab. Es war der günstigste Platz, und er bot einen Blick fast über die ganze Stadt. Eingemeißelt sind die Worte »Le Beth Ha-Teqi'ah«. Man glaubt, daß das heißt: »Zum Trompetenplatz«.

Über die »Aelia Capitolina«, das »römische« Jerusalem des Kaisers Hadrian nach dem schrecklichen zweiten jüdischen Aufstand, haben wir uns schon informiert. Kein Jude durfte darin wohnen. Von dieser Aelia sind nur Reste des Osttores (des sogenannten Pilatusbogens) übriggeblieben.

Merkwürdigerweise zeigt eine Zeichnung aus dem fünften Jahrhundert in der griechisch-orthodoxen Kirche in Madeba in Ostjordanien den Plan der Aelia Capitolina. Unter vielen erkennbaren Stellen finden sich das Damaskustor, der Hadrianbogen – heute bekannt als Ecce-Homo-Bogen – und andere Einzelheiten. Vieles von dem Grundriß des alten Jerusalem ist die Schöpfung des römischen Kaisers, der das Griechische liebte und versuchte, die Juden auszurotten, – und dabei fast Erfolg hatte.

Bild rechts:
Die Altstadt Jerusalems bei Nacht mit dem Jaffa-Tor.

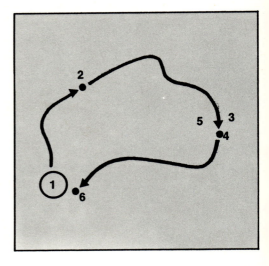

Fünfter Tag

① *Jerusalem – Bira –* ② *Bethel –* ③ *Jordantal – Tel es-Sultan –* ④ *Jericho –* ⑤ *Berg der Versuchung –* ⑥ *Ölberg*

Aus zwei Gründen ist es gut, auch am nächsten Tag so früh wie möglich von Jerusalem aufzubrechen. Erstens sieht die Stadt unter den Strahlen der Morgensonne am schönsten aus. Zum zweiten können wir jede Stunde, die wir herausschinden, für die Vorhaben dieses Vormittags brauchen. Fügen Sie zu diesen beiden Gründen noch die Tatsache hinzu, daß man in den meisten Jahreszeiten die Hitzefalle des Jordantales um so leichter erträgt, je früher man sich hineinbegibt und sich damit langsam akklimatisieren kann.

Wir verlassen Jerusalem in nördlicher Richtung über die Nablus-Street, die am Damaskustor beginnt, und erreichen bei Ramallah den Ort Bira. Er war wahrscheinlich der erste Halteplatz für die Karawanen, die von Jerusalem nach Samaria und Galiläa hinaufzogen. Von hier eilten nach der Überlieferung Joseph und Maria zurück in die Heilige Stadt, um den Jesusknaben zu suchen.

Bira

Wenig später sind wir in Beitin, dem biblischen Bethel, etwa 20 km nördlich von Jerusalem gelegen. Es war ein angenehmer Ort, wasserreich trotz seiner Höhe auf dem Nord-Süd-Kamm des Landes und in alten Zeiten ein Schlüsselpunkt auf der Ost-West-Route von Jericho zum Meer. Der Reisende konnte rasten, seine Kamele tränken, auf den großen Jordan-Graben zurückschauen, aus dem er heraufgeklettert war, und jenseits schon das Salz des Westwindes schnuppern. Vielleicht ist Bethel aus diesem Grunde im Alten Testament außer Jerusalem öfter erwähnt als irgendeine andere Stadt. Abraham (1. Mose 12, 8) und Jakob (1. Mose 28, 19) kannten diesen Ort. Hier hatte Jakob seinen Traum.

Beitin (Bethel,

Die Ausgrabungsschichten reichen nach den sorgfältigen Ermittlungen der Archäologen bis in das Jahr 3500 v. Chr. zurück. Die Patriarchen müssen also bereits eine gut entwickelte Stadt vorgefunden haben. Nach der Eroberung durch Josua, für die es ebenfalls archäologische Beweise gibt, fiel die Stadt zum Los Benjamins (Jos. 18, 22). Hier wurde die Bundeslade für einige Zeit aufbewahrt (Richter 20, 27). Debora lebte in der Nähe (Richter 4, 5), und Samuel machte Bethel zu einer Station seines Richterbezirkes (1. Sam. 7, 16).

Bild rechts: Die wunderbaren Blüten des Flammenbaumes, aufgenommen in einem Garten des heutigen Jericho.

Die Heiligkeit dieses Ortes war so groß, daß Jerobeam I. schlauerweise Bethel zu einem religiösen Zentrum der zehn Stämme machte, das es mit Jerusalem aufnehmen sollte – Jerusalem war nur noch die Hauptstadt von Juda und Benjamin, und dieser Stamm, als Judas einziger Verbündeter, hatte die Kontrolle über Bethel an Ephraim verloren. Jerobeam II. setzte diese Politik fort. Die Archäologen vermuten, daß die Reste des Tempels, den er baute, unter dem heutigen Ort Beitin liegen. Sie entdeckten das Siegel, mit dem Weihrauchsäcke gesichert und markiert wurden. Es stammt aus der Zeit kurz nach dem Besuch der Königin von Saba bei Salomo. Sowohl in Bethel als auch in Jericho gab es »Prophetenschulen«, jene Seminare, die Elia und Elisa eingerichtet hatten und über die wir gern mehr wüßten.

Die Geschichte Bethels war damit nicht zu Ende. Die Stadt bestand weiter, als Assyrien und Babylon emporkamen und fielen, und es gab sie auch noch in den Tagen der mutigen Makkabäer und der römischen Herrschaft. Jesus muß hier vorbeigezogen sein, wenn er jemals die mittlere Nord-Süd-Strecke von Galiläa nach Jerusalem gewählt hat. Aber das Neue Testament erwähnt diesen Ort nicht ausdrücklich. Im vierten Jahrhundert n. Chr. taucht Bethel noch einmal auf, denn der Kirchenvater Eusebius erwähnt es, und am Ostrand wurde eine byzantinische Kirche gebaut – wahrscheinlich an der für Jakobs Traum angenommenen Stelle. Eine weitere Kirche wurde im sechsten Jahrhundert erstellt, diesmal, um die Stelle zu bezeichnen, an der Abraham seinen ersten Gottesdienst feierte. Offenbar hatte Bethel in der byzantinischen Periode noch einmal eine bedeutende Phase. Mit der moslemischen Eroberung zerfiel es und wurde erst in der Mitte des 19. Jahrhunderts wieder bewohnt – als Beitin.

Die Bergkämme hier wirken auf mich, als seien sie von der Last der Geschichte, die sie tragen, erschöpft. Es kommt einem fast respektlos vor, an solchen Orten, die durch den Durchzug vieler Völker geheiligt oder entweiht sind, vorbeizueilen. Die Beständigkeit der verwitterten Landschaft scheint über den vergänglichen Menschen, der vorbeieilt, zu spotten.

Die Verbindungen zwischen Bethel und Jericho sind sehr alt. Es war Hiël von Bethel, der Josuas Fluch über den Ort der kanaanäischen Festung widerstand und mit dem Wiederaufbau von Jericho begann. Josuas Instinkt war richtig gewesen. Er hatte vorausgesehen, daß solch eine arrogante Tat nur passieren konnte, wenn die reine Anbetung des Gottes Israels verloren war und die alten Greuel des Heidentums sich im Lande wieder behaupteten. Es war in den Tagen des Ahab. »Zur selben Zeit baute Hiël von Bethel Jericho wieder auf. Es kostete ihn seinen erstgeborenen Sohn Abiram, als er den Grund legte, und seinen jüngsten Sohn Segub, als er die Tore einsetzte, nach dem Wort des Herrn, das er geredet hatte durch Josua, den Sohn Nuns« (1. Kön. 16, 34). Das bedeutet, daß Hiël seine Söhne als »Grundsteinopfer« benutzte. Zerquetschte Knochen von ermordeten Kindern sind die archäologische Bestätigung des scheußlichen kanaanäischen Kultes. Wenn je ein Land der Reinigung durch Glauben bedurfte, dann war es Kanaan.

Die Straße von Bethel nach Jericho benutzten auch Elia und Elisa. Sie ka-

Bild links:
Das St. Georgs-Kloster ist hineingebaut in eine Felsenwand des Wadi Kelt, in den man von Jericho aus hineinblickt.

men von Gilgal am Jordan nach Bethel und wanderten von Bethel an Ai vorbei wieder zum Jordan, die weiten Hänge hinab (2. Kön. 2). Dann überquerten sie den Jordan, und dort am Ostufer sah Elisa, wie sein Meister von ihm fuhr (2. Kön. 2, 7–12). Allein und mit der neuen Gabe der Prophetie belastet kreuzte Elisa wieder den Jordan und ging seinen und Elias Weg wieder zurück, wahrscheinlich durch Jericho und die Straße nach Bethel hinauf, wo der häufig mißverstandene Zwischenfall mit den Bären passierte (2. Kön. 2, 23–25). Wir sollten uns diese Geschichte sorgfältig ansehen.

Jenseits des Jordan, wo Elia Einsamkeit und Abgeschiedenheit als Vorbereitung für das letzte Ereignis seines Lebens gesucht hatte, waren so merkwürdige Dinge passiert, daß die jungen Männer aus den Prophetenschulen bei äußerster Höflichkeit Elisa gegenüber, der ihnen das berichtet hatte, darauf bestanden, in den wilden Schlupfwinkeln jenseits des Flußes nach Elia zu suchen. Es fiel ihnen offensichtlich schwer, dem Bericht Elisas Glauben zu schenken, obwohl dieser, der vor mehr als 10 Jahren von Elia erwählt worden war, inzwischen anerkannter Führer war. In der Tat scheint es so, daß ihre ernsthaften Nachforschungen ein Gerücht, das durch das Land ging, nicht ausräumen konnten, daß nämlich Elisa mehr über das Verschwinden des gewaltigen alten Propheten wußte, als er sagen wollte. Und nun ging er also von Jericho wieder hinauf nach Bethel – und vor dem Ort passierte es.

Auf Grund unglücklicher Übersetzungen hören sich die Geschichten des Alten Testamentes manchmal merkwürdiger an, als sie sind. Das trifft auch auf die sogenannten »kleinen Knaben« zu, die sich über Elisa lustig machten. Das Wort, das hier mit »Knaben« übersetzt ist, wird nicht selten auch bezüglich junger Männer gebraucht. David nimmt es in den Mund, wenn er von Absalom redet und seinen Hauptleuten befiehlt, schonend mit dem rebellierenden Prinzen umzugehen. Absalom kann zur Zeit seines Aufstandes kaum jünger als 30 Jahre alt gewesen sein (2. Sam. 18, 5. 12). Das Wort wird auch in Psalm 119, 9 gebraucht und dort zutreffend übersetzt: »Wie wird ein junger Mann seinen Weg unsträflich gehen...« Das Adjektiv »klein« kann vielleicht auch sozial verstanden werden. Es wird im Gegensatz zu »groß« in Bezug auf Rang, Würde und Stellung gebraucht (5. Mose 1, 17). Danach könnte dieser Begriff auch bedeuten »jugendliche Rowdys« – jener Typ, von dem manche moderne Stadt heute geplagt wird. Es wäre dieselbe soziale Gruppe, wie die »üblen Männer aus dem Pöbel«, die die Stadt Tessalonich in Aufruhr versetzten (Apg. 17, 5).

Elisa hatte seinen Kopf aus Trauer über Elias Fortgang kahl geschoren. Somit war der Spott doppelt unfreundlich und unhöflich. »Komm herauf« könnte eine Anspielung auf die Entrückung seines Herrn gewesen sein, von der Elisa gesprochen hatte. Sie zeigt ordinären Unglauben: »Kahlköpfiger Schwebefachmann – zeig uns wie!« So gesehen erscheint das Strafgericht Gottes nach einem gemeinen und wahrscheinlich gewalttätigen Übergriff (die Septuaginta fügt »Steinigung« hinzu) auf den Propheten Gottes verständlich, aber auch Furcht bewirkend.

Es gibt keinen Bericht darüber, daß Jesus diese Ost-West-Straße Bethel – Jericho benutzte. Sie paßt nicht in das Bild, das die Bibel von seinen Reisen zeichnet, die fast immer in Nord-Süd-Richtung – von Galiläa nach Jerusalem und wieder zurück – verliefen. Wir wissen nur, daß Jesus bei dieser letzten Reise den längsten Weg nach Jerusalem von Cäsarea Philippi aus wählte, wo er – wie wir sehen werden – viele Stunden in der schönen Landschaft an der Hauptquelle des Jordan verbracht hat. Dort versuchte er seine Jünger auf die schwere Prüfung, die sein Leiden und Sterben für sie bedeuten mußte, vorzubereiten. Es ist auch denkbar, so erschreckend dieser Gedanke sein mag, daß er sich selbst auf diese schwerste Stunde rüsten wollte, indem er noch einmal diese Stelle besuchte, an der er getauft worden war, an der er sich als das Lamm Gottes, das der Welt Sünde trägt, erkannt hatte. Und auf dieser letzten Reise kam er auch an jenem Berg in der Wildnis vorbei, wo er einst unter der Spannung der Versuchung alle anderen Wege zu seinem Ziel zurückgewiesen hatte, so daß nur das Kreuz übrigblieb.

Wir wollen uns zuerst einmal den Weg der kleinen Jüngerschar vorstellen, die sich da nach Süden bewegt. Die Straße führte auf der Ostseite des Jordan entlang zu den Orten in der Nähe von Jericho, wo die Taufe stattgefunden hatte. Wahrscheinlich konnten sie von den Hängen jenseits des Flusses, von der abfallenden Straße aus, das blendende Weiß des herodianischen Palastes zwischen grünen Palmenbäumen auf dem üppigen Talboden sehen. Wir selbst können diesen Aussichtspunkt nicht erreichen, weil er jenseits des Flusses in Jordanien liegt. Aber es ist schon hilfreich, sich das vorzustellen und sich an die Geschichte der zweiten herodianischen Generation zu erinnern.

Das Testament des ersten Herodes teilte das Königreich, das er so lange, so geschickt und den Römern so gehorsam regiert hatte. Archelaus, Sohn der Malthace, einer samaritanischen Frau, übernahm Judäa und Idumäa, bei weitem der beste Brocken. Herodes Antipas, Sohn der gleichen Mutter, erhielt Galiläa und Peräa. Philippus, Sohn einer Jüdin namens Cleopatra, bekam Ituräa, Trachonitis und die anschließenden Gebiete im Nordosten. Vielleicht sollten Sie einen Blick in einen Bibelatlas werfen, um sich das vorstellen zu können. Archelaus, der die Laster, aber nicht die Fähigkeiten seines Vaters geerbt hatte, nahm den Titel König an und erstickte auf blutige Weise Unruhen, die in Jerusalem ausbrachen. Das Ergebnis war eine größere Erhebung, die das Eingreifen von Varus nötig machte, des Gouverneurs von Syrien und Kommandeurs des nächsten Legionärscorps in Antiochien. Zu dieser Zeit kehrte die Familie Jesu aus Ägypten zurück und ließ sich in Nazareth nieder (Matth. 2, 22. 23).

Es war für Archelaus unumgänglich, schnell Rom zu erreichen und vom Kaiser Augustus die Bestätigung seiner Position zu erhalten, ehe die Situation in Palästina von seinen vielen Feinden dort dem Imperator in einem zu nachteiligen Licht dargestellt werden konnte. Augustus entschied sich für Archelaus; aber er versagte ihm vorsichtigerweise den königlichen Titel. Der Vorfall könnte den Stoff für das Gleichnis Jesu von den anvertrauten Pfun-

Bilder auf den folgenden Seiten: Eine alte Wasserleitung durch das Bergland nach Jericho.

den geliefert haben, das Lukas erzählt (19, 12–27). Archelaus war dann der Edle, der auszog, um ein Königreich zu erlangen.

Zehn Jahre lang führte Archelaus sein ebenso törichtes wie tyrannisches Regiment. 6 n.Chr. erreichte eine neue jüdische Gesandtschaft beim Kaiser endlich seine Verbannung. Die Stelle, wo der Palast stand, wurde 1955 entdeckt, aber es ist kein Ort, der uns aufhalten wird.

Jesus und seine Jünger überquerten den Fluß wahrscheinlich an der Taufstelle und gingen weiter bis Jericho. Heute liegt der Ort auf dem grünen Talgrund, nicht sehr unterschieden von dem Jericho des ersten Jahrhunderts, mit Ausnahme der fliederfarbenen Jacaranda und der Orangenbäume, die sich zu den Palmen und Zypressen gesellt haben, für die die Stadt berühmt war. Nahebei unter einem antiken Ruinenhügel liegen die Überreste alter Befestigungen, die die Archäologen immer noch beschäftigen und die bis in die Frühzeit der Geschichte zurückreichen.

Tel es-Sultan

Wenn Sie auf dem Tel es-Sultan, wie der Hügel heißt, stehen, dann richten Sie Ihre Augen zuerst nach Süden. Als silbriger Wasserstreifen ist das Tote Meer zu erkennen, dahinter liegen die Mauern des Moabgebirges, von der gnadenlosen Sonne ausgelaugt zu einem blasseren Blau als der Himmel darüber. Vor Ihnen liegt die Stadt Jericho, älter als Griechenland und Rom, aber jung im Vergleich zu den 17 Kulturen, die Schicht für Schicht unter 24 Metern Schutt ausgegraben wurden und den Tel es-Sultan ausmachen, auf dem Sie stehen. Am Fuß des Hügels ergießt sich die Ain es-Sultan, die immerwährende Quelle, die Jericho grün erhält. Josephus schreibt darüber: »Bei Jericho gibt es eine Quelle, die reichlich fließt. Eine Legende erzählt, daß diese Quelle am Anfang nicht nur das Erdreich und die Bäume unterhöhlte, sondern auch die Kinder, die von Frauen geboren wurden, zugrunde gehen ließ; ... aber daß sie vom Propheten Elisa in eine heilsame und fruchtbare Quelle verwandelt wurde (2. Kön. 2, 19). Sie fließt durch eine Ebene, wo sie jene ausgezeichneten Gärten bewässert, die mit Bäumen dicht besetzt sind. Es gibt dort viele Palmensorten, die durch die Quelle bewässert werden, alle voneinander unterschieden durch Name und Geschmack ... Dieses Land bringt Honig hervor und den Balsam, der der wertvollste seiner Früchte ist, und auch Zypressen... Es wird nicht leicht sein, irgendeinen Ort auf der bewohnten Erde zu finden, der ihm gleich ist.«

Jericho

Hier scheint die Geschichte stillzustehen. Dort, in dem bewässerten Grün des modernen Jericho, stehen die wie Speerspitzen nach oben zeigenden dunklen Zypressenbäume. Dort fließt die Quelle. Sie bewässert Jericho immer noch. Die gleiche Sonnenhitze wie vor Jahrtausenden macht die Talebene üppig, schwül und reich. Man kann immer noch wie Herodes im Dezember in Jericho sonnenbaden und – was Herodes freilich nicht konnte – nach einer einstündigen Fahrt in Jerusalem Schnee und den rauhen Wind antreffen, der von den Bergen Judas herüberpfeift.

Bild links: Die untergehende Sonne liegt auf den Bergen von Gilead im Osten des Jordantals.

Wie mir ein Israeli sagte, begann hier ein böses Kapitel der Geschichte, und dabei wies er auf Ain es-Sultan. »Hier geschah ein zweiter Sündenfall des Menschen«, meinte er. »Viele tausend Jahre v. Chr. fanden einige No-

79

maden eine Quelle, ummauerten sie und sagten: ›Das ist unsre, nicht eure‹. Das war der Anfang dieser verfluchten Grenzen.« Wie wahr! Wenn wir eine Mauer bauen, sollten wir uns selbst immer fragen, was wir einmauern und was wir ausmauern. Das Abgrenzen begann in Jericho. Sein Überfluß war für die Menschen der Wüste eine Versuchung, und die Stämme, die Jericho besetzt hielten, lernten es, ihre Tore zu verschließen. Sie beobachteten die Wüste jenseits des Jordan. Als dann Karawanenführer ihnen die Nachricht brachten, daß eine Gruppe disziplinierter Stämme unter einem Joshua ben-Nun sich nähere, wurden die Sicherheitsvorkehrungen verschärft. Lesen Sie die Geschichte der Kundschafter (Josua 2). Rahab, die zu dem Kurtisanenkult eines unzüchtigen kanaanitischen Gottesdienstes gezwungen worden war, empfand für die, die sie gebrauchten und in Schande brachten, keine Liebe. So fiel Jericho, das das untere Ende des Jordantales bewachte, ebenso wie Bet She'an im Norden. Josua mußte es nehmen. Es war der Schlüssel zum verheißenen Land.

Versuchen Sie nicht, die Botschaft des schichtenförmigen Musters der Zivilisationen Jerichos zu entziffern, die man tief unten in einem Schacht sehen kann, den die Archäologen in dem Hügel zurückgelassen haben, auf dem Sie stehen. Man sieht hier Treppen, dort einen Turm, Wallanlagen, Stützpfeiler, die alle für den Fachmann Sinn und Bedeutung haben. Sie sollten etwas über Jericho nachlesen und werden dann in der Lage sein, es mit dem, was Sie vom Augenschein im Gedächtnis behalten oder auf Ihren Film gebannt haben, in Einklang zu bringen. Sie sehen die älteste Befestigung des kriegführenden Menschen, Symbol von Gewalttätigkeit, Kampf und Sünde.

Weniger Kilometer hinter diesem geschichtsträchtigen Hügel steht ein steiler Wall aus nacktem Fels, dahinter folgt eine unbewohnte Wildnis mit verborgenen Pfaden, Klippen und Höhlen, wo die Einsamkeit und Dürre eines durstigen Landes nachempfunden werden kann. Dorthin ging Jesus. Und dort traf er den Versucher. Es gehört zum Wesen des Satans, daß er die Verlassenheit des Menschen abpaßt. Allein stand der Herr den Problemen seines Dienstes gegenüber: hier die hungrige Masse, die Hilfe und Heil brauchte; dort die stolze Hauptstadt, die begierig auf ein Zeichen wartete. Es gab eine fleischliche und eine geistliche Antwort auf diese Probleme. Der Versucher schlug die erstere vor und bearbeitete das Denken Jesu 40 Tage lang. Bei Lukas kann man sehen, daß die Reihenfolge der drei Versuchungen im Vergleich zu Matthäus variiert (Matth. 4, 1–11; Luk. 4, 1–13). Der Versucher weiß gut, wie er auf der Suche nach einem schwachen Punkt in der Verstandesmauer seinen Angriff wiederholen, verändern und unendlich raffiniert anlegen muß. Er organisiert Angriff, Überfall, Sabotage und setzt bald hier, bald dort an.

Jesus hatte gewartet, bis die Massenbewegung der Erweckung des Johannes vorbei war. Er suchte keine spektakuläre Öffentlichkeit und wollte noch viel weniger Rivalität. Johannes hatte seinen Verwandten als einen Mann Gottes erkannt und ihn am Jordan als den Größeren bezeichnet: »Ich taufe euch mit Wasser; es kommt aber einer, der ist stärker als ich, und ich bin nicht

Berg der Versuchung

Bild oben: Frischgebackenes Brot als Nachschub für einen Verkaufsstand am Jaffa-Tor.

gut genug, ihm die Riemen seiner Schuhe zu lösen; der wird euch mit dem heiligen Geist und mit Feuer taufen« (Luk. 3, 16).

Dann kam das Zeichen Gottes zu ihm. Oft genug hatte des Johannes Sinn sich mit der Botschaft und der Bildersprache des Jesaja beschäftigt. Und Jesaja hatte einmal in seiner Seelennot geschrien: »Ach, daß du den Himmel zerrissest und führest herab« (Jes. 64, 1). So geschah es jetzt. Die Taube fuhr auf Jesus herab. Eine neue Seite der Weltgeschichte begann. Der Messias trat zum Dienst an. Und es ist gut, auf den braunen Felsen dort drüben zu schauen, wo ein fast verlassenes Kloster sich an eine Spalte klammert. Dort errang er seinen ersten Sieg – für uns.

Bedenken Sie noch die raffinierteste der Versuchungen, bevor Sie sich von diesem Bild abwenden. Sie hat freilich weniger mit diesem Gelände zu tun. Es gibt natürlich keinen Berg in der ganzen Welt, von dem man »alle Reiche der Welt« zusammen überschauen kann. Es könnte aber ein Angriff des Satans auf die Festung der Seele Jesu gewesen sein. In seiner Kindheit und Jugend mag Jesus oft auf die Hügelkette um Nazareth herum hinaufgestiegen sein. Von dort oben eröffnete sich ihm nach Westen die Esdrelon-Ebene. Sie ist – wie wir sehen werden – Einfallstor nach Israel und Durchzugsstraße nach allen Richtungen zugleich. Viele Armeen der Geschichte sind hier marschiert. Die lebhafte Phantasie eines Jungen konnte sich unter dieser Landschaft sehr wohl die Reiche der Welt vorstellen. Wenn in der Sonne die Helme einer vorbeimarschierenden Legion glitzerten und er sich die ganze Vergangenheit vor Augen malte ... Und jetzt kehrte in der Versuchung ein Jugendtraum zurück. Diese Armeen, diese Menschen, diese Völker, wer

konnte, wer würde sie regieren? Aber dann dachte er an den Willen des Vaters – und wählte das Kreuz.

Wir müssen jetzt Tel es-Sultan verlassen und durch das moderne Jericho ziehen. Dabei werden wir einen oder zwei eindeutige Vertreter Jerichos treffen, sympathischere Leute als die rauhen Burschen von Bethel. Es handelt sich um ein paar blinde Bettler und einen »Zöllner«, wie die Lutherbibel den Steuereinnehmer benennt.

Lernen Sie zunächst den »Sohn des Timaeus«, wie Markus freundlicherweise den Namen übersetzt, kennen. Er berichtet von der Heilung eines blinden Mannes namens Bartimäus. In seinem Verlangen, bei Jesus Heilung zu finden, fragt er nicht nach der Menge. Er ist »aufdringlich« wie die Witwe oder wie der Nachbar in den beiden bekannten Gleichnissen Jesu. Beachten Sie die Einzelheiten dieser Geschichte, die das wache Auge des Petrus aufgefangen hat, etwa die Worte, die dem schreienden Bettler Hilfe verheißen; »Sei getrost, stehe auf! Er ruft dich!« – und das andere, daß er den Mantel zurückläßt. Was gilt selbst ein wertvolles Kleidungsstück, wenn die Erlösung von der Blindheit wartet!

Noch viel bekannter ist freilich das Erlebnis eines anderen Einwohners von Jericho. Der Vorfall trug sich direkt in der Stadt zu und wird von Lukas überliefert (19, 1–10). Zachäus war Finanzbeamter. Handel und Wandel gab es genug in Jericho; denn der Ort bildete – wie wir gesehen haben – einen Verkehrsknotenpunkt. Da mußten Zölle eingesammelt werden. Jericho war vom Haus des Herodes immer als eine Einnahmequelle betrachtet worden. Die üppigen Balsamhaine gehörten dem königlichen Haus, und die Stadt selbst galt als Winterhauptstadt des herodianischen Königreiches.

Zachäus muß ein reicher Mann gewesen sein; und so mag Jesus in einem der schönsten Häuser Jerichos Gastfreundschaft genossen haben. Das Haus war vielleicht mit Säulengängen um einen Innenhof angeordnet, ähnlich denen, die der Besucher in Pompeji sehen kann. Immerhin war Zachäus in diesem wichtigen Ort der oberste Steuerbeamte. Für einen Mann in dieser Position war es schon eine bemerkenswerte Aktion, daß er auf eine Sycamore an der Straße stieg, um Jesus besser sehen zu können. Daran läßt sich das große Verlangen nach einem anderen Leben erkennen, das diesen Mann umtrieb. Die Sycamore ist eine Art Feigenbaum, deren Frucht zur Nahrung der Bauern gehörte. Der Baum teilt sich – nicht weit über dem Boden – in kräftige Äste. Zachäus hatte also beim Klettern keine allzu große Mühe. Vielleicht zeigt man Ihnen eben diesen Baum. Aber das müssen Sie nicht unbedingt glauben...

Zachäus muß dieses Leben der Ausbeutung anderer und den daraus resultierenden Haß satt gehabt haben. Wie Bartimäus fragt er nicht nach der Menge. Er sucht nach einem Schimmer einer reineren Welt, einer Welt des Friedens mit Gott. Die unmittelbare Freude des reichen Ausgestoßenen, der von Jesus angesprochen wird, ist offensichtlich. Der Sohn Gottes kann nicht wahrhaft als Gast in irgendein Haus oder ein Leben kommen, ohne es zu reinigen. Vor ihm lag nun die lange, kurvenreiche Straße aus dem tiefen Gra-

Bild links:
Blick über die Dächer der Altstadt Jerusalems.

ben der Jordanebene hinauf nach Jerusalem – und all das, was ihn dort erwartete. Von diesem Tag bis zu dem der Kreuzigung hatte der Herr wenig Ruhe mehr. Schon auf dem Weg zur Hauptstadt betrübten ihn die Streitereien seiner Jünger, die bereits die Sitze zu seiner Rechten und Linken verteilen wollten (Matth. 20, 20–28).

Vor zwei Tagen kamen wir diese Straße herab. Wenn wir jetzt wieder hinaufziehen, dann denken Sie an die einsame Gestalt, für die die Seelenangst von Gethsemane bereits begonnen hatte.

Der lange Anstieg nach Jerusalem erreichte zur Zeit Jesu seine höchste Stelle dort, wo die Straße den Ölberg kreuzte. Die moderne Autostraße läuft um den Berg herum. Aber in alten Zeiten schien der Zugang so angelegt zu sein, daß er dem Pilger, der sich der Stadt näherte, einen großartigen Blick auf Jerusalem gab. Es ist eine der großen Ansichten der Welt: Geschichte, aufgehäuft auf felsigem Bergkamm, der 40 Jahrhunderte Lust und Last menschlichen Kämpfens und Strebens miterlebt hat. Die Stadt liegt quer über dem Plateau, gewölbt wie ein Schild. Vom Gipfel des Ölbergs muß der prächtige Bau des herodianischen Tempels der beherrschende Vordergrund gewesen sein.

Ölberg

Als der Herr hinabsah, schien sein Geist den Schleier von 40 zukünftigen Jahren zu zerreißen, und er sah das Bild, wie es sich Vespasian und Titus zeigen sollte: die Hänge verbrannt und verwüstet, die Tore geschlossen, der Boden mit Trümmern und Steingeschossen übersät, die Straßen voller Leichen, getötet durch Hungersnot und Vernichtungskampf.

Jerusalem würde Barabbas wählen. Aber diese Wahl sollte nicht getroffen werden, ohne daß der Christus eindringlich Gottes Frieden anbieten würde. Jesus entschied sich bewußt dafür, die Weissagung des Sacharja zu erfüllen und in die leidenschaftliche, aufrührerische, stolze Stadt auf einem Esel einzureiten, dem Symbol des Friedens (Sach. 9, 9; Luk. 19, 29–44). Unter dieser Bedingung bot er sich selbst an. Man kann ihn auch heute unter keiner anderen Bedingung empfangen.

Bethphage und Bethanien liegen noch vor dem Berg, wenn man die Jordanstraße heraufkommt. Hier irgendwo lebte jener Mann, der in der Geschichte eine Rolle spielt. Der Herr muß eine Vereinbarung mit ihm gehabt haben, daß er einen Esel ausleihen konnte. Diese namenlose Gestalt in den Ereignissen um die Ankunft des Königs ist eine von vielen in der Geschichte des Neuen Testamentes und der Gemeinde Jesu, eine in der Reihe von Männern und Frauen, die unerwartet Glieder in einer Kette göttlichen Vorsatzes geworden sind.

Bilder rechts:
Jerusalemer
Straßenszenen.

Links oben:
Kinder spielen in
der Altstadt.

Vom Gipfel des Ölbergs kann man einen Pfad finden, der den Hügel herab am Garten Gethsemane vorbei zum Stephanstor führt. Das ist die traditionelle Strecke der Palmsonntags-Prozession. An diesem Weg liegt die Kirche »Dominus Flevit« (der Herr weint), eine wunderschöne Stätte mit einem großartigen Blick auf Jerusalem, 1955 erbaut. Diejenigen, die einen längeren Spaziergang nicht scheuen, könnten sie an diesem Nachmittag besuchen.

Rechts oben:
Eine wandelnde
Kaffeebar.

Unten:
Araberfrau beim
Gemüseverkauf.

Sechster Tag

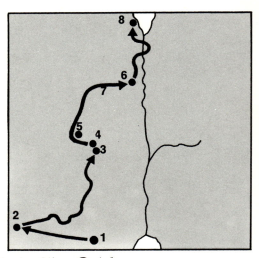

① *Jerusalem* – ② *Qubeiba (Emmaus)* – *Shufat (Gibea)* – *Silo* – ③ *Askar (Sychar)* – ④ *Shekhem (Nablus)* – ⑤ *Sabastiya (Samaria)* – ⑥ *Bet She'an* – ⑦ *Gilboa* – ⑧ *Tiberias*

Wir verlassen Jerusalem, diesmal endgültig, wieder über die Nablus-Street in nördlicher Richtung, biegen nach einigen Kilometern nach Westen ab und besuchen Emmaus, das heutige Qubeiba. Nach Lukas, einem äußerst sorgfältigen Historiker, lag Emmaus 11 km von der Stadt entfernt. Das Gelände von Qubeiba, auf dem heute eine große Kirche mit einer mächtigen Kuppel steht, ist die wahrscheinlichere Stelle als Latrun, das viel weiter entfernt liegt. Auf kleine Widersprüche wollen wir hier nicht eingehen und uns statt dessen auf ein bewegendes Erlebnis freuen.

Qubeiba (Emmaus)

Der Bericht von der Wanderung nach Emmaus gehört zum Sondergut des Lukas (24, 13–35). Zwei Jünger (keine aus dem Kreis der zwölf Apostel) wohnten in Emmaus. Sie waren auf dem Heimweg und hatten die untergehende Sonne vor sich, als ein Fremder sich zu ihnen gesellte. Erst als sie beim Mahl seine Hände sahen, ging ihnen die Wahrheit auf. Beachten Sie auch, daß er so tat, als wolle er weitergehen. Christus erzwingt sich bei keinem Menschen Einlaß. Und wie trübe und lustlos war ihr Gespräch mit dem Mann, der sich zu ihnen gesellt hatte! Die Worte spiegeln die Hoffnungslosigkeit der Jünger über die Ereignisse wider, mit denen diese Woche zu Ende gegangen war. Aber stellen Sie dieser Hoffnungslosigkeit den Jubel der Tage gegenüber, die dann folgten. Nur ein umwälzendes Ereignis konnte eine Gruppe von nüchternen Männern so verändern. Und so war es auch kein irregeführtes Schwärmer-Paar, das plötzlich seine Hände erkannte, darüber seine Müdigkeit vergaß und die elf Kilometer nach Jerusalem zurückeilte, um die anderen Jünger daran teilhaben zu lassen.

Gehen Sie nicht zuerst zur großen Kirche, in der der Bericht vom auferstandenen Herrn auf Lateinisch zu lesen ist. Suchen Sie den Weg um die Kirche herum zur Nordseite. Dort finden sich etwa 100 Meter einer römischen Straße – parallel zur modernen. Sie besitzt ein Pflaster aus riesigen Steinplatten, hohe Fußwege, ähnlich denen in Pompeji. Auf der anderen Seite sind die Überreste einer ehemaligen Olivenverarbeitungsanlage zu sehen. Zur Kirche hin sind die unteren Steinschichten von vielen kleinen Häusern er-

Bild rechts: Felder in Samaria – den Pflug ziehen, soweit keine Pferde zur Verfügung stehen, Esel oder die Bauern selbst.

halten. Vielleicht haben die beiden Wanderer in einem von ihnen Christus beherbergt.

Wenn Sie nach Norden weiterfahren, dann denken Sie daran, wie alt auch diese Straße ist. Den gleichen Weg zogen die Galiläer üblicherweise nach Süden, um die religiösen Feste in Jerusalem zu feiern. Sie zogen in Karawanen, um vor Überfällen sicher zu sein. So hielten es auch Joseph und Maria und bemerkten deshalb gar nicht, daß der Jesusknabe nicht mit in ihrer Reisegruppe war (Luk. 2, 44) – ein Versehen, das zur Überlieferung der einzigen Episode aus der Kindheit Jesu geführt hat. Als es bemerkt wurde, hatten sie bereits eine Tagesreise von Jerusalem zurückgelegt.

Die Straße steckt auch voller alttestamentlicher Geschichte. Shufat, noch ganz nahe bei Jerusalem, ist das Gibea, wo man die massiven Reste von Sauls königlicher Festung sehen kann. Es war seine erste Hauptstadt als König von Israel. Dicht neben der Straße liegt das hochragende Grab des Samuel. Silo, das alte religiöse Zentrum Israels (Jos. 18, 1), erreicht man, wenn man etwa 25 km nördlich von Ramallah rechts nach Turmus Aiya abbiegt. Es war die alte Stätte für Gebet, Pilgerfahrt und Fest, die heilig gehalten wurde und vier Jahrhunderte lang bestand (Jos. 21, 2; 1. Sam. 4, 4). Das Kindheitserleben Samuels konzentrierte sich auf das Heiligtum. Hier nahm der tadelns- und doch liebenswerte Eli Hannas Sohn in Empfang. Bei einem ihrer Angriffe, die tief in das Bergland führten, zerstörten die Philister Silo (1. Sam. 4, 17. 18), und es ist fraglich, ob es jemals wieder seine alte Bedeutung gewann.

Bei Nablus, am Ostrand des Tales zwischen Ebal und Gerizim, liegt das alte Sychar, seit der Kreuzfahrerzeit oft mit Shekhem identifiziert, dem alten und wieder neuen Namen von Nablus. Es ist aber wahrscheinlicher, daß Sychar auf dem Boden des heutigen arabischen Dorfes Askar liegt, etwa 2 km von Nablus entfernt. Indessen liegt Shekhem – Nablus, dessen Geschichte mit den Erzählungen von den Patriarchen verwoben ist, im gleichen Tal, wenige Kilometer westlich.

Der Name Nablus kommt von dem griechischen Neapolis »Neue Stadt« – das gleiche Wort wie Neapel. Seine Schreibweise ist arabisiert, weil die Araber kein »p« aussprechen können. Nablus war eine Neugründung des Vespasian, als Shekhem dem jüdischen Aufstand zum Opfer gefallen war. Wir halten nicht, um Nablus anzusehen; aber beachten Sie die beiden Berge Ebal und Gerizim, die mit 938 und 868 m eine beachtliche Höhe erreichen. Sie bildeten für Josua und die versammelten Stämme ein gewaltiges Auditorium (Josua 8, 33 und 5. Mose 27, 1–13).

Wenn man einen Zirkel in Shekhem einstecken und einen Kreis von 50 km ziehen würde, lägen Jerusalem, Cäsarea und Nazareth noch in ihm. Würde man den Radius auf 100 km verdoppeln, dann ginge der Kreis durch Dan und Be'er Sheva. Dieses Zentrum des Landes erlebte angemessenerweise die Anfänge der Nation: Josephs Gebeine wurden zum Begräbnis nach Shekhem gebracht (Jos. 24, 32). Die Israelis erklären, daß dies eine der drei Stellen im Land sei (die anderen zwei sind der Tempelplatz in Jerusalem und

Shufat (Gibea)

Silo

Askar (Sychar)

Shekhem (Nablus)

Bild oben:
Die nur halb fertiggestellte Kirche, die über dem Brunnen von Sychar steht.

die Gräber der Patriarchen in Hebron), die ihnen kraft beglaubigten Erwerbs unveräußerlich gehören.

Das Neue Testament bestätigt diese Tatsache (Joh. 4, 12). Dies war mit Sicherheit Jakobs Gebiet. Seinen Brunnen kann man noch außerhalb der kleinen Stadt sehen, ummauert und mit einem Schloß versehen. Die Geschichte, die Johannes erzählt, spielt in der Hitze des Tages. Die Frau, die Wasser holen wollte, hatte kein Verlangen danach, den anderen Frauen des Ortes zu begegnen und ihren verdeckten Spott zu hören. Sittenlos, unwissend und leichtfertig – so steht sie in völligem Gegensatz zu Nikodemus, dem eleganten Gelehrten im vorangehenden Kapitel. Und doch gilt für beide das Zeugnis des Johannes in Kapitel 2, Vers 25: »Jesus hatte nicht nötig, daß man ihm Zeugnis über Menschen gab; denn er wußte, was im Menschen war.«

Beachten Sie, wie der höchste Lehrer mit den beiden Personen umgeht. Mit Nikodemus sprach er in der Bildersprache der Schrift. Das konnte er nicht mit der ausgestoßenen Fremden. Der Herr begibt sich auf ihre Verstehensebene, indem er sie um einen Trunk bittet. Während die Frau dem

Fremden zu trinken gibt, kann sie sich einen leichten Spott nicht verkneifen: »Du, ein Jude, erbittest von mir, einer samaritischen Frau, einen Trunk?« Der Herr zeigt keinerlei Verärgerung, sondern antwortet mit einem weiterführenden Wort: »Wenn du erkenntest...«, sagt er, und die Neugier – so alt wie Eva – ist geweckt. Evas Neugier führte zum Tod, die der Samariterin zum Leben. Aber lesen Sie die ganze Geschichte im Garten hinter der Kirche!

Ähnlich dem verlorenen Sohn mag die Frau plötzlich einen Weg aus ihrer Verworfenheit erblickt haben. Ihre Erwiderung in Vers 15 wird zunächst nicht mehr als eine schnelle Reaktion auf die für sie merkwürdig mystische Sprache Jesu gewesen sein. Aber nun ist es Zeit, sie zur Ernsthaftigkeit zu zwingen, und deswegen legt der Herr seinen Finger auf die Wunde und Schande ihres unordentlichen Lebens (Vers 16). So hatte Nathan einst David gegenübergestanden. Aber sie versucht immer noch, der persönlichen Frage auszuweichen, indem sie eine theologische Debatte über die uralten Widersprüche zwischen Juden und Samaritern provoziert. Die Erwiderung übersteigt ihr Verständnis. Darum beeilt sich die Frau, das Gespräch mit der bequemen Feststellung zu beenden, daß eines Tages alles klar werden wird, »wenn der Messias kommt«. Dann offenbart sich Jesus: »Ich bin's, der mit dir redet.« Zwar gedemütigt, aber doch wach geworden für etwas Wirkliches, Rettendes, Neues, vergißt die Frau die Verachtung, die sie zu Hause erwartet, und eilt, um es der Stadt zu sagen.

Die Samariter strömten heraus, um den zu sehen, der der Christus sein sollte. Das war der Augenblick, auf den Jesus gewartet hatte. Er schnitt das Gespräch mit den verblüfften Jüngern ab und sagte: »Seht, wie das Feld schon weiß zur Ernte ist!«

Sie werden die halbfertige Basilika betreten. Es ist unwahrscheinlich, daß die große Summe jemals zusammenkommen wird, um sie zu vollenden. Sie wurde von der Russisch-Orthodoxen Kirche begonnen, das Vorhaben jedoch durch den Ausbruch des Ersten Weltkrieges unterbrochen. Für die Griechisch-Orthodoxe Kirche, die jetzt die Verwaltung hat, ist es unmöglich, den Weiterbau zu finanzieren. Einige Treppen hinunter geht es zum Brunnen, überdeckt und tief. Bis zur Wasseroberfläche sind es volle 30 Meter. Es kann ohne Bedenken getrunken werden. Also wiederholen Sie die Geschichte, bitten Sie eine Frau aus Ihrer Gruppe, die Winde zu drehen und den Eimer heraufzubringen. Das Wasser im »Jakobsbrunnen« ist süßes Regenwasser und für empfindlichere Gaumen als die unseren geschmackvoller als das harte Kalksteinwasser der vielen Brunnen rund um Shekhem. Jesus selber sprach von »lebendigem Wasser«, und die Frau schloß daraus sofort, daß er auf die gute Qualität des Brunnens anspielte.

Beachten Sie zunächst, daß Samaria in der Schrift zweierlei Bedeutung hat. Mit »New York« kann die Stadt New York, aber ebenso der Staat New York, der sich bis zur kanadischen Grenze erstreckt, gemeint sein. Ebenso kann Samaria eine Provinz und eine Stadtfestung sein. Die Provinz ist nicht klar definiert. Sie kann ungefähr mit dem alten Nordreich Israel identisch sein, kann sich aber auch auf den römischen Verwaltungsbereich beziehen, der einem Prokurator unterstellt wurde, der direkt dem Kaiser verantwortlich war. Von der Provinz können wir ganz allgemein sagen, daß ihre südliche Grenze die Straße von Bethel nach Jericho bildete und im Norden die Linie vom Karmel nach Gilboa. Das Mittelmeer war die westliche und der Jordan die östliche Grenze.

Samaria war damit ein natürlicher Handelspartner für die tyrischen, sidonischen und phönizischen Verbündeten. So kam auch die verhängnisvolle Vernunftehe zu Stande, zu der Omri seinen Sohn Ahab zwang. Omri war derjenige, der 876 v. Chr. den 90 m hohen Berg als Bauplatz für seinen Königspalast kaufte (1. Kön. 16, 24). Er war ein energischer und mächtiger König, der die Assyrer so beeindruckte, daß für sie »das Haus Omri« die generelle Bezeichnung für die Herrscher Samarias wurde; trotz des Untergangs der Dynastie des Omri und Ahab und obwohl andere Könige folgten.

Sabastiya (Samaria)

Etwa 65 km nördlich von Jerusalem erreichen wir bei Sabastiya diese Erhöhung, die Amos »den Berg Samaria« nannte, dicht neben der Straße, der wir vom Tal zwischen Ebal und Gerizim an Nablus vorbei gefolgt sind.

Man kann leicht erkennen, warum das erfahrene Auge des Omri an dieser natürlichen Festung hängenblieb. Mit Ausnahme eines Verbindungssattels ist er von den umgebenden Erhöhungen abgegrenzt. Außerdem ist die Gegend fruchtbar und gut bewässert. Man hat einen Blick bis hin zum Mittelmeer. Omris Gebäude sind zum größten Teil unter späteren größeren Bauten verschwunden, für die tiefere Fundamente nötig waren. Aber die erste Stadt war offensichtlich gut geplant und gebaut worden, vielleicht mit Hilfe phönizischer Handwerker. Deswegen gelang die bemerkenswerte Heldentat, den Assyrern drei Jahre lang zu widerstehen. Sargon nahm sie 721 v. Chr. ein, und die Katastrophe wurde für Samaria der Anfang vom Ende. Sowohl die Assyrer als auch die Babylonier, ihre Nachfolger, praktizierten die grausame Methode der Deportation. Von den 40000 Bewohnern Samarias wurden 27000 weggeführt. Die Neubesiedlung während des nächsten Jahrhunderts brachte nicht-israelitische Elemente ins Land, die Jerusalem veranlaßten, die Samariter als Fremde und Unreine zurückzuweisen. Vielleicht hätten sie statt dessen nach Möglichkeiten suchen sollen, sie für das Judentum zu gewinnen. So fiel Samaria – ein Ort, der oft genug dem reinen Gottesdienst des Alten Bundes untreu geworden war und sich die Schelte von Amos, Micha, Jesaja und Hosea zugezogen hatte.

Der Palast des Ahab ist noch erkennbar. Hunderte von Elfenbeinplatten zeigen, warum er »Elfenbeinhaus« genannt wurde (1. Kön. 22, 39; Amos 3, 15). Ausgrabungen wurden seit 1908 durchgeführt. Aber das meiste, was man sieht, ist herodianisch und somit römisch oder griechisch-römisch, das Theater zum Beispiel oder das von Säulen umgebene Forum. Herodes der Große war stolz auf diesen Ort und verschönerte und restaurierte ihn unter dem Namen Sebaste, dem griechischen Wort für Augusta. Er wollte damit den Namen des Kaisers Augustus ehren. Der Name ist noch in dem nahegelegenen arabischen Ort Sabastiya erhalten. Hier ließ Herodes einen Augustus-Tempel errichten – frecherweise zur gleichen Zeit, als er den Juden ihren großen in Jerusalem baute. Die Steinstufen kann man noch sehen.

Nur wenige Reste, zumeist aus dem zweiten Jahrhundert, sind erhalten geblieben und künden noch ein wenig von der Macht des Nordreichs, von den zehn Stämmen des abgefallenen Israel.

Wir fahren nordöstlich weiter nach Bet She'an und kommen dabei über Jenin, den Schauplatz von Sauls letzter Schlacht mit den Philistern am Ende des Jesreel-Tals.

Bet She'an berührte sowohl eine Ostwest- als auch eine Nordsüd-Handelsstraße. Der Platz war so gelegen, daß er geradezu eine wichtige Stadt werden mußte. Wenige Nebenflüsse fließen vom Westen her in den Jordan. Aber der Jalud ist wichtig und wird aus starken Quellen gespeist. Der Tel von Bet She'an ist eine der wichtigsten archäologischen Fundstätten Israels. Man entdeckte 18 Schichten einer zeitweise dicht bevölkerten Stadt, die fast 5000 Jahre alt war – zuoberst die Überreste der Kreuzfahrer, obwohl jene Eindringlinge anscheinend die überragende strategische Bedeutung des Ortes übersehen haben. Die Untersuchungen der Archäologen gehen Schicht um Schicht nach unten bis zu den großen Tagen der römischen Herrschaft, als Beth She'an die Hauptstadt der Dekapolis war. Wahrscheinlich war es ein Bund von zehn Städten zwischen Damaskus und Amman (zu jener Zeit Philadelphia genannt, noch früher Rabbat Ammon), der sich nach Alexanders Zug in den Osten bildete und in den Bemühungen der Römer, ihr zerfallendes Grenzgebiet zu stabilisieren, seinen eigentlichen Zusammenhalt fand.

Bet She'an hieß zu jener Zeit Skythopolis; der Name könnte darauf hindeuten, daß skythische Söldner aus der nördlichen Steppe an der Gründung beteiligt waren. Das Interessante daran ist, daß es die einzige Stadt der Dekapolis war, die im Westen des Jordantales lag und zugleich die einzige Stadt (außer vielleicht Hippos), die immer unter israelischer Kontrolle gewesen ist. Die Dekapolis bildete ansonsten ein geschlossenes Gebiet unter griechischem Einfluß, mit einer lebendigen hellenistischen Kultur (es brachte einige bemerkenswerte Persönlichkeiten der griechischen Literatur und Philosophie hervor) und einer heidnischen Bevölkerung von etwa einer Million, mit der Galiläa sozusagen konfrontiert war.

Auf diese Weise ist manch ein Galiläer der Klugheit, der Skepsis und damit der Anziehungskraft der griechischen Welt begegnet. Der verlorene Sohn aus dem berühmten Gleichnis, der vielleicht landwirtschaftliche Erzeugnisse nach Bet She'an brachte, sah dort das, was ihn ruhelos machte. Das großartige Gerasa kann man sich als sein »fernes Land« denken. Es war die alte Geschichte wie bei Simson und den Philistern. Ein bekannter Historiker kommt in seinem Kapitel über die Dekapolis zu dem Schluß: »Wir können nicht glauben, daß die beiden Welten, die diese Landschaft umschlossen, nicht ineinander einbrachen. Die vielen Straßen, die Galiläa von der Dekapolis zur Küste hin durchquerten, der ständige Handel zwischen den Fischern und den griechischen Fischkäufern, das Geld, das sie benutzten –

Bet She'an

Bild rechts:
Landschaftsbild
aus Samaria im
Frühling.

92

Bilder oben:
Auf einem Esel unterwegs in Samaria.

Spreu und Getreide werden getrennt.

das alles drängte den Juden von Galiläa das Griechische auf... Es ist fast nicht vorstellbar, daß unser Herr und seine Jünger nicht wenigstens etwas Griechisch sprachen.«

Aber zurück nach Bet She'an, wo wir bald zu Schichten hinuntersteigen werden, die tausend Jahre älter sind als irgend etwas Römisches oder Griechisches. Wir sollten aber zunächst noch einen Augenblick an die Gemeinsamkeit der Geschichte dieser beiden Völker denken, die in diesem Teil der antiken Welt lange Zeit so vermischt waren. Horaz schrieb darüber kurz vor der Geburt Christi: »Das gefangene Griechenland nahm seine grimmigsten Eroberer gefangen.« Wie um das zu beweisen, machte die Entdeckung eines Marmorkopfes aus Athen unter den Greco-romanischen Trümmern Bet She'ans Schlagzeilen.

Da ist das eindrucksvolle kleine Theater, ein Kennzeichen griechischer Anwesenheit (man findet ähnliche Stätten in Gerasa, Amman, Cäsarea, Samaria und vielen anderen Orten). Wie immer ist es akustisch perfekt. Probieren Sie das mit einem Lied aus, oder lassen Sie jemanden aus Ihrer Gruppe einen Vers aufsagen.

Dann erinnern wir uns an das Bet She'an in den Tagen des Saul. Bei einem

Gilboa

verzweifelten Versuch, eine philistische Invasion aufzuhalten oder zu brechen, verlor Saul auf dem Berg Gilboa seine Armee und sein Leben. Als Saul die Lagerfeuer der Philister von den umliegenden Bergzügen herab beobachtete, sah er das Ende nahen (1. Sam. 28, 4. 5.).

Dabei hätte Saul der Sieg Gideons und auch Baraks sagen können, daß, wenn Gott mit ihm war, die Zahl seiner Leute oder ihre Bewaffnung nur eine kleine Rolle spielte. Aber war Gott mit ihm? Das war eine Frage, auf die Saul keine Antwort mehr wußte. Das Schicksal dieses Mannes ist erschütternd.

Endor, früher ein arabisches Dorf und heute das israelische Ein Dor, lag am Rand der Berge mit dem Blick auf die Ebene, wenige Kilometer südwestlich von Nazareth. Eine Frau in diesem Ort übte die finstere Kunst der Geisterbeschwörung aus. In seiner Verzweiflung wandte sich Saul an sie.

Es ist unmöglich, Sauls Samuel-Vision zu erklären. Wie immer sich das unheimliche Erlebnis abgespielt haben mag, es war für Saul das letzte Wort.

Er hört, daß morgen sein Ende sein werde. Er erfährt auch, daß seine Söhne fallen werden. Sünde verdirbt oft ein größeres Gebiet als das Leben, in dem sie wohnt. Der Anblick des zerbrochenen Königs weckt menschliches Mitleid in der unheimlichen Frau, die in dieser geisterhaften Tragödie ihre Rolle gespielt hat. Sie bereitet Sauls letzte Mahlzeit zu. In der dunklen Hütte am Berg ißt der Mann, der zu Großem berufen war, von dem Vorrat dieser armseligen Kreatur und geht dann wie Judas hinaus in die Nacht.

Auf dem Berg Gilboa kämpfte Saul seine letzte Schlacht und fiel mit seinen Söhnen unter den Pfeilen der Philister. Als die Philister am nächsten Tag die Leichen fanden, zogen sie Saul die Rüstung aus und führten sie als Trophäe im ganzen Land umher. Die Leichname selbst hingen sie an der Stadtmauer von Bet She'an öffentlich aus.

Saul hatte nicht nur kämpferische, sondern früher auch andere Qualitäten bewiesen. In dieser Stunde der nationalen Scham und des Unglücks erinnerten sich die Männer von Jabesch in Gilead daran, was Saul für sie getan hatte, faßten Mut, zogen nach Bet She'an und holten die Leichname des Königs und seiner Söhne zum Begräbnis nach Hause. So zahlten sie die Dankesschuld, in der sie seit jener Zeit standen, als Saul in der Kraft seines neuen Amtes ihre Leute vor den Greueltaten des Nahasch von Ammon gerettet hatte (1. Sam. 11).

In sein Klagelied über Saul hat David eine Verwünschung über den Berg Gilboa eingefügt. Es ist ein beredtes kleines Gedicht (2. Sam. 1, 19–27), voll von bekannten Zitaten. Erst in den letzten Jahren hat sich das örtliche Kibbuz der alten Verwünschung zum Trotz daran gemacht, die Berghänge von Gilboa zu kultivieren.

Tiberias

Wir aber setzen unsere Reise nach Norden fort. Vor uns liegt Tiberias, während wir dem See am westlichen Ufer folgen und ihn hinter Weiden, Kautschukbäumen und Palmen immer wieder hindurchschimmern sehen.

Siebter Tag

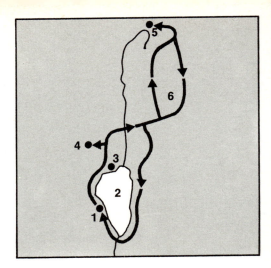

① *Tiberias – En Gev –* ② *See Genezareth –* ③ *Kefar Nahum (Kapernaum) – Berg der Seligpreisungen – Tabghah – Kirche »Petri Geheimnis« –* ④ *Zefat (Safed) – Hula-Tal – Dan –* ⑤ *Banyas (Cäsarea Philippi) – Masada –* ⑥ *Golan-Höhen*

In Tiberias sollten Sie versuchen, vor Sonnenaufgang aufzustehen. Man kann eine wunderbare halbe Stunde am Westufer des Galiläischen Sees auskosten. Die Berge am Ostufer des Sees sind hoch. Die Golan-Höhen, ein Teil des alten Zehn-Städte-Reiches, bilden ein weites Plateau, das abrupt am Rand des großen Jordangrabens endet und steil in den See abfällt. Dort irgendwo liegt der Abhang, den die Schweineherde in wilder Flucht hinabstürzte (Mark. 5, 1–20). Jesus ließ sie umkommen, damit ein geplagter Mensch erfahren sollte, daß das, was ihn quälte, tief hinab in die Unterwelt gefahren ist, zu der nach der Lehre der Rabbiner der See ein Tor war.

Gegen den fahlen Himmel der Dämmerung sieht man die östliche Bergwand als festen Strich, erst schwarz, dann blau, während der See silbern durch die Pinien und Palmen glitzert. Man kann fast spüren, wie sich der Erdball der Sonne zudreht. Zuerst ein Funke des Lichtes und dann die Sonne in voller Größe. Der See wechselt vom ruhigen, stillen Silber zu glitzerndem Gold.

Tiberias wurde zwischen 18 und 22. n. Chr. gegründet. Münzfunde ermöglichen diese Feststellung. Die römischen Münzen waren sorgfältig datiert, oder man kann sie zumindest mit ziemlicher Sicherheit bestimmten Jahren zuordnen. Herodes Antipas, der die prorömische Politik seines Vaters weiterführte, nannte die Stadt nach Tiberius, dem strengen Nachfolger des Augustus. Der Name Tiberias wurde später auch für den See verwandt, anstelle des schöneren Namens Galiläisches Meer oder See Genezareth. Das ist der Grund dafür, daß Johannes, der gegen Ende des Jahrhunderts für eine internationale Leserschaft schrieb, den heidnischen Namen gebrauchte (Joh. 6, 1; 21, 1).

Eine alte Stadt des Stammes Naphtali hatte zuvor an dieser Stelle gestanden. Sie hieß Rakkath, was soviel bedeutet wie Streifen oder Küste (Jos. 19,35). Aber es war ein Beerdigungsplatz geworden, bis Herodes das Gebiet für seine königliche Residenz in Besitz nahm. Herodes hatte ehrgeizige Plä-

Tiberias

Bild rechts: Sonnenaufgang über dem See Genezareth.

Bild auf den folgenden beiden Seiten: Am frühen Morgen beim Hafen von Tiberias.

ne. Eine 5 km lange Mauer umschloß ein Forum und eine Synagoge, römische und jüdische Merkmale, und ist damit ein gutes Beispiel für die Doppelpolitik, die das Haus des Herodes so klug verfolgte. Es sieht so aus, als hätten die Juden die Synagoge boykottiert, so daß Herodes gezwungen war, seine neue Gründung mit Heiden zu besiedeln. Er baute einen prächtigen Palast an den steilabfallenden Hügel. Die inneren Befestigungsanlagen der Stadt widerstanden über ein Jahrtausend später Saladin selbst dann noch, als der entscheidende Sieg der Sarazenen 1187 n. Chr. die Lage der Verteidiger hoffnungslos gemacht hatte.

Tiberias hatte auch eine Heilquelle, die heute noch in Betrieb ist. Eine Münze von Tiberias zeigt auf der einen Seite Hygieia, die Göttin der Gesundheit, und den Kaiser Trajan auf der anderen. In der Talsenke Obergaliläas gibt es in den tieferen Schichten riesige Salzlager, und die Quellen, die Tiberias mit warmem Wasser versorgen und auch unter dem See austreten, tragen beträchtlich zum Salzgehalt des Wassers bei. Das macht die Benutzung für künstliche Bewässerung schwierig. Die Israelis helfen sich, indem sie soviel als möglich von dem Salzwasser auffangen und aus dem See pumpen.

Jesus hat Tiberias offenbar nicht betreten. Das Gebiet war dichter besiedelt als heute, und es gab viele Orte, in denen er seine erklärte Absicht, zuerst »die verlorenen Schafe Israels« zu suchen, verwirklichen konnte. Von den neun Städten, die am Seeufer lagen und von denen keine weniger als 15000 Einwohner hatte, ist nur Tiberias noch bewohnt und wächst schnell. Es ist das Hauptzentrum am See. Man bekommt eine gute Übersicht, wenn man eine Bootsfahrt zum gegenüberliegenden Kibbuz En Gev unternimmt.

En Gev

Im Kibbuz En Gev müssen Sie als Mittagessen galiläische Meerbarbe bestellen, das ist der St. Petrus-Fisch, der seine frischausgebrüteten Jungen im Maul trägt. Wenn sie freigegeben werden, verliert der Fisch seine Balance und stellt das Gleichgewicht wieder her, indem er einen Kieselstein ins Maul nimmt. Wie Sie sich erinnern werden, fing Petrus einen Fisch, der auf diese Weise eine Münze im Maul trug (Matth. 17, 27).

Den ganzen heutigen und einen großen Teil des morgigen Tages werden wir in Galiläa verbringen, diesem Bergland mit einer Ausdehnung von etwa 100 x 50 km, das im Süden an das Tal Jesreel grenzt, im Westen an »das große Meer gegen Sonnenuntergang« und im Osten an das Jordantal, in dem das Galiläische Meer etwa 200 m unter dem Meeresspiegel liegt. Es war immer ein Land mit grünen Bergen und fruchtbaren Tälern, durch die Westwinde, die den Regen brachten, gut bewässert. Hier spielte sich ein großer Teil der Wirksamkeit Christi ab. Hier hat er die Bergpredigt gehalten, die meisten Gleichnisse erzählt und viele seiner Wunder getan. Die Galiläer wurden von den städtischen Juden verachtet (Joh. 1, 46; 7, 52). Aber in der Landespolitik waren sie eine Kraft. Nach Josephus lebten in Galiläa drei Millionen Juden – ebensoviele wie heute im modernen Israel.

Der wunderschöne See, das Galiläische »Meer«, ist in diesem Gebiet der

Bilder links: Szenen am Hafen von Tiberias. Beim Netzeflicken/ Beim Überprüfen eines Netzes/ Netze mit Flotten.

101

ständige Begleiter des Reisenden. Es gibt die allerschönsten Ausblicke. Von den Golan-Höhen sieht der See wie ein Silberschild aus, der in ein Bergtal gefallen ist. Sieht man ihn von Zefat aus, dann entspricht das Aussehen des Sees einem seiner Namen: Kinneret, was Harfe bedeutet. Er ist tief, voller Fische und hat einen Umfang von 50 km. Von Norden nach Süden mißt man eine Länge von 20 km, die durchschnittliche Breite beträgt 11 km. Ich nenne diese Zahlen, damit der Besucher ihn mit einem See in seinem Heimatland vergleichen kann. Der See bedeutete für Israel, was der Nil für Ägypten war. Galiläa verdankte ihm zu Zeiten Jesu den Wohlstand. Die Männer, die Christus von den Netzen wegrief und zu »Menschenfischern« machte, waren keineswegs eine Horde »zerlumpter Kerle« wie Friedrich II. von Preußen sie genannt hat, sondern Meister in einer lukrativen und geschäftigen Industrie. Sie brachten ein großes materielles Opfer, indem sie Jesus nachfolgten.

Kinneret (See Genezareth)

Vielleicht können wir mit einem Motorboot von Tiberias nach Kapernaum hinauffahren, es sei denn, daß ein Nordwind über den See bläst. Die Ursache für solche Stürme auf dem See ist leicht zu erkennen. Der Wind, der durch die große Narbe auf der Erdoberfläche, die Jordansenke, nach Süden bläst, ist kalt, weil er vom Hermon kommt. Umgekehrt wird über dem Toten Meer und dem unteren Jordantal die Luft von der erbarmungslosen Sonne stark erhitzt und steigt nach oben. Sie hinterläßt ein Vakuum, das der kalte Wind, der vom Schnee des Hermon herunterweht, mitunter schnell und ungestüm auffüllt. So ergeben sich die plötzlichen Stürme auf dem Galiläischen Meer. Der Bericht in den Evangelien über solchen Aufruhr der Elemente ist also keine Einbildung.

Der Name Kefar Nahum bedeutet wahrscheinlich »Ort des Nahum«. Man ist sich darüber nicht ganz einig, ebensowenig wie über die genaue Lage. Die Ruinen, die allgemein gezeigt werden, haben freilich die besten Gründe für sich. Sie liegen hinter einer Reihe von Pinien und Palmen, durch die der See hindurchschimmert.

Kefar Nahum (Kapernaum)

Eine achteckige Ruine wird als Überrest vom Haus des Petrus gezeigt. Aber bei ehrlicher Einschätzung möchte man eher denken, daß es eine Kirche war, die vielleicht an einer Stelle gebaut worden ist, die traditionellerweise als Wohnort des Petrus angenommen wurde. Es ist der Schauplatz einer Geschichte, die Markus mit besonderer Anschaulichkeit in seinem zweiten Kapitel erzählt. Markus hatte sie ja direkt von Petrus, der sein »geistlicher Vater« war und ihm die Aufgabe gestellt hatte, eine Erzählung über den Weg Jesu zu schreiben.

Jesu Dienst in Kapernaum war vielseitig. Nazareth wies seinen eigenen Sohn zurück, absurderweise nur deshalb, weil man ihn und seine Familie kannte. Die Leute von Kapernaum bemerkten, daß in seinen Worten Autorität lag, und sie erlebten, daß er ihre Herzen ansprach (Mk. 2, 1–12).

Aus dem Bericht über den gichtbrüchigen Mann mit den vier guten Freunden spüren wir sehr stark das Interesse des Petrus an dieser Geschichte heraus. War er selbst etwa einer der vier? Oder war es das Haus des Petrus, des-

Bild rechts: Überreste der Synagoge von Kapernaum.

102

sen Dach geöffnet wurde, um Zugang zu gewinnen? – Die Hauptruine auf diesem Gelände ist die Synagoge, die unterschiedlich datiert wird: zweites, drittes oder viertes Jahrhundert. In ihren größeren Teilen kann sie nicht älter sein als aus dem zweiten Jahrhundert; denn nach dem zweiten jüdischen Aufstand zerstörte Hadrian in seinem – schließlich vergeblichen – Versuch, das Judentum auszurotten, jede Synagoge in Galiläa. Es ist aber denkbar, daß, als Wiederaufbau möglich war, dieselbe Stelle gewählt wurde und von dem umgestürzten Material soviel als möglich – Steine, Kapitelle, behauene Oberbalken usw. – wieder benutzt wurde. Noch einmal: die Zerstörungstrupps, die nur mit Seilen und Rammböcken ausgerüstet waren, konnten zwar ein Gebäude einreißen, aber sie konnten dem steinernen Boden nichts anhaben, im Gegenteil, der Schutt bedeckte und schützte den Boden. Deswegen können Sie ziemlich sicher sein, daß Sie in der zerstörten Synagoge da stehen, wo Jesus gestanden hat.

Das etwa 20 m lange Gebäude ist nicht aus dem dort sonst verwendeten behauenen schwarzen Basalt erbaut, sondern aus weißem Kalkstein. Es war ungewöhnlich reich verziert. In einem der Steine, die am Weg entlang aufgestellt sind, sieht man sogar zwei Adler eingemeißelt: Rücken an Rücken, aber die Hälse verdreht, so daß sie sich gegenseitig ansehen. Es handelt sich offensichtlich um ein Zeichen der berühmten zehnten Legion. Ein Hauptmann der Zehnten, vielleicht für besondere Aufgaben in dieses Gebiet des Herrschaftsbereichs des Herodes Antipas abkommandiert, konnte ohne Zweifel nur ein Gebäude erstellen, das in seiner Architektur römisch war, und dabei auch Verzierungen in Auftrag geben, die den Juden nicht sehr gefielen. Aber nachdem sie eine ganze Synagoge geschenkt bekamen, haben die örtlichen Rabbis vielleicht diskret geschwiegen. Und wenn die Synagoge nach der lebendigen Erinnerung von jemand wiederaufgebaut wurde, der sie vorher gekannt hatte, und dabei verbliebene Materialien verwendet wurden, dann ist deutlich, daß das Ergebnis ungefähr so aussehen muß wie die heutigen Fragmente.

Es gibt viele weitere Funde aus dem alten Kapernaum in dem Bereich, in dem noch gegraben wird. Dort sind Steine aufgestapelt, in die Symbole eingemeißelt sind: Der Davidsstern, Muscheln, Granatäpfel, Mahlsteine, Olivenpressen... Ehe wir uns in einer Fülle von archäologischen Details verlieren, sollten wir lieber eine oder zwei interessante Persönlichkeiten aus Kapernaum treffen. Lesen Sie Luk. 7, 1–10.

Der Offizier, der die Hilfe Jesu suchte, war ein wohlwollender Mann. Er war gut zu seinen Sklaven. Das Judentum fesselte ihn. Er war auch ein Mann mit Menschenkenntnis, der die Größe des Wanderpredigers Jesu besser erfaßte als die stolzen gesetzlichen Führer Israels, die diesem Rabbi mißtrauten und ihn bereits von den Synagogen ausschlossen. Er erkannte die Bedeutung Jesu und kam mit Höflichkeit und voller Vertrauen zu ihm. Beachten Sie auch den ausgesprochenen Takt des Hauptmanns. Im Bewußtsein der Spannung, die sich zwischen den jüdischen Führern und Jesus entwickelte, ließ er nicht zu, daß dieser sein Haus betrat, und wandte sich korrekterweise

Bild links:
Die griechisch-orthodoxe Kirche bei Kapernaum, mit schönem Blick über den See Genezareth.

durch jüdische Vermittler an ihn. Er war es auch gewohnt, als Soldat zu denken. Er erwartete Gehorsam ohne Widerrede und hielt Disziplin für eine Selbstverständlichkeit.

Hier war also ein Heide, der Israel den Weg zum Glauben zeigte. Als Lukas den Bericht schrieb, dreißig Jahre nach dem Ereignis, strömten die Heiden in die Kirche. Lukas war wahrscheinlich einer von ihnen. Es bereitete ihm Freude, die Worte des Soldaten aus der Stadt am See aufzuschreiben.

Über die zweite Person, die in der Erzählung flüchtig erwähnt wird, lesen Sie Luk. 6, 6–11 nach. Die Tage und Wochen, die Jesus in und um Kapernaum verbrachte, hinterließen Geschichten, die ihren Weg in die Berichte aller Evangelisten gefunden haben. Der Mann mit der verdorrten Hand in der Synagoge, einer von ihnen, wird wahrscheinlich deswegen erwähnt, weil seine Heilung so bittere Reaktionen bei den Pharisäern hervorrief. Nach dem Gebotegewirr der Pharisäer war Retterdienst irgendwelcher Art am siebten Tag nur bei Lebensgefahr erlaubt. Der Herr brachte den Mann nach vorn. »Ist es recht, am Sabbat Gutes zu tun oder Böses?« fragte er, »Leben zu erhalten oder Leben zu verderben?« Das war eine geschickte Frage, denn die Rabbis hatten verfügt, daß, wenn ein Tier am Sabbat in eine Grube gefallen war, der Eigentümer sich zunächst vergewissern mußte, ob es verletzt sei. Wenn nicht, durfte er es füttern und ihm Streu hinlegen, aber er durfte es vor dem nächsten Tag nicht herausziehen. Wenn es verletzt war, mußte er es auf der Stelle herausholen und töten. Das war natürlich Verschwendung, und deswegen hatten sie eine Ausweglausel eingebaut: Der Eigentümer konnte das Tier mit der erklärten Absicht, es zu töten, aus der Grube holen, brauchte es dann aber doch nicht tun. Mit anderen Worten, sie konnten ihre eigenen Gesetze für ein Tier verdrehen, aber nicht für einen Menschen.

Das örtliche Rabbinat oder vielleicht auch eine spezielle Beobachtergruppe war ausgesandt worden, um das Tun Jesu zu bewerten – wie einst auch bei Johannes dem Täufer (Joh. 1, 19). Ihre Mitglieder fanden vieles, was ihr Mißfallen erregte, als sie die Tätigkeit Christi am Seeufer entlang beobachteten und seinen offenherzigen Umgang nicht nur mit Heiden, sondern auch mit den Ausgestoßenen der Gesellschaft beobachteten. Lesen Sie Luk. 5, 27–32.

Die Bekehrung eines Levi, des Matthäus, der das erste Evangelium schrieb, führte zum Kontakt mit einer verachteten Gruppe, den Steuereinnehmern, die Luther als Zöllner bezeichnet hat. Es war römische Praxis, die Steuern für eine Provinz zu verpachten. Die Einnehmer boten eine feste Summe und hatten dann die Freiheit, sich selbst schadlos zu halten. Sie spiegelten jeder in seinem kleinen Bereich die Habsucht, die Korruption und die Grausamkeit wider, zu der sie sich für das ganze verwerfliche System hergegeben hatten.

Da Kapernaum ähnlich Jericho an einer großen Handelsstraße lag, gab es dort wohl auch eine ganze Anzahl von Steuereinnehmern, die als Opfer des allgemeinen Hasses ihre eigene soziale Gruppe gebildet hatten. Matthäus war einer von ihnen. Von der Synagoge ausgeschlossen, muß er den Herrn am Ufer oder auf dem Feld predigen gehört und entdeckt haben, daß sein

Bild rechts:
Die Synagoge von Zefat; die Torah ist durch einen Vorhang verdeckt.

Herz sich nach einem besseren Leben sehnte. Solch ein Wunsch geht nicht unbemerkt an Jesus vorbei. Er rief ihn. Matthäus verließ seinen Dienst und folgte dem Christus nach.

Berg der Seligpreisungen

Entlang der Seeseite südlich von Kapernaum gibt es mehrere Stellen, die jetzt besucht werden sollten. Wo der See sich nach Norden zu verengen beginnt, entdeckt man den Berg der Seligpreisungen. Hier steht seit 1937 eine mit Kreuzgängen umgebene achteckige Basilika, der jegliche Anstößigkeit fehlt, die die unangemessene Bebauung heiliger Orte sonst hervorzurufen pflegt. Es ist ein helles, achteckiges Gebäude, von Oleander umgeben, und paßt sich eher dem Berg an, als daß es ihn beherrscht. Auf diesem Hang, über den der Wind vom See her streicht, hat Jesus die Bergpredigt gehalten, eine Rede, die zur Weltliteratur gehört. Lesen Sie dort wenigstens die Seligpreisungen (Matth. 5, 1–12).

Tabhgah

Nicht weit entfernt liegt am Seerand Tabhgah, die Kirche der Vermehrung der Brote und Fische, erinnernd an »die Speisung der Viertausend«. Dabei handelt es sich nicht um eine irrtümliche Wiederholung der »Speisung der Fünftausend«. Erstere trug sich im Frühjahr zu, letztere im Herbst. Das zweite Geschehen ereignete sich in einem heidnischen Gebiet. Der Begriff für Korb, »Spuris« (Matth. 15, 37), bezeichnet einen heidnischen Packkorb, nicht ein »Kophinos«, den jüdischen Behälter für koschere Lebensmittel (Matth. 14, 15–20). Matthäus war bei beiden Gelegenheiten dabei, und Matthäus war kein Phantast.

Schon 382 n. Chr. wurde durch den Pilger Pelagia bestätigt, daß an dieser Stelle eine Kirche stand. Die byzantinischen Mosaiken im gegenwärtigen Gebäude sind sehr gut erhalten. Sie zeigen einen Korb mit fünf Brotlaiben, flankiert von zwei galiläischen Meerbarben. Der Boden bietet die Flora und Fauna des Sees dar – Pfauen, Flamingos, Kormorane, Reiher, Tauben, Gänse, Enten, Lotosblüten und Oleander. Er wurde erst 1932 entdeckt.

Kirche »Petri Geheimnis«

Nicht weit davon liegt am Seeufer mit seinem kieseligen Strand die Kirche »Petri Geheimnis«, wo die Wiederbeauftragung Petri, wie sie im letzten Kapitel des Johannesevangeliums berichtet ist, stattfand. Ein großes Felsstück, das in den Boden der Kirche eingefügt ist, war den mittelalterlichen Pilgern als Mensa Christi – Tisch Christi – bekannt. In dieser kleinen Bucht, ebenso wie in einer anderen, die man etwas weiter entlang der Küste findet, kann man sich leicht vorstellen, wie Christus von einem vertäuten Boot aus zu einer beachtlichen Menschenmenge am Ufer sprechen konnte, die sich in einem Halbkreis am Seeufer niedergelassen hatte.

Zefat (Safed)

Bild links:
Ein Hirte mit seinen Schafen auf den Golan-Höhen.

Wenn wir nun nach Norden weiterfahren, sollten Sie einen Abstecher in Zefat machen. Das ist eine weitere »Stadt auf dem Berg«, 840 m über dem Meeresspiegel. Man hat dort einen schönen Rundblick über Galiläa, und sowohl das Galiläische als ganz in der Ferne das Mittelländische Meer sind zu sehen. Zefat ist eine natürliche Verteidigungsstellung und wurde von Josephus in jenen Tagen befestigt, als er noch die Guerillagruppen von Galiläa führte, also vor seiner wohlüberlegten Unterwerfung unter die Römer. Es teilte sich mit Tiberias die Ehre, ein Zentrum rabbinischer Unterweisung zu sein, und brachte eine Schule hervor, in der das Alte Testament auf mystische Weise interpretiert wurde, die sogenannte Kabbala.

Die sephardischen Juden, die im 16. Jahrhundert der spanischen Verfolgung entronnen waren, unterstützten diese Lehre. Sie wählten Zefat, weil sie dachten, daß die reine Bergluft das Denken fördern würde. Die erste Druckerpresse in Asien wurde in Zefat erstellt, und hier wurde auch das erste gedruckte hebräische Buch herausgegeben, ein Kommentar zum Buch Esther – und zwar im Jahre 1578.

Zefat ist für diejenigen, die es sich finanziell erlauben können, ein großartiges Feriengebiet. Es besitzt auch eine Künstlerkolonie. Darin liegt eine Gefahr für das Reiseprogramm. Die Künstler, Schnitzer, Maler, Töpfer sitzen alle im unteren Teil der Stadt und brennen darauf, ihre Erzeugnisse zu verkaufen. Führer von Touristengruppen bemühen sich natürlich, sie am Weg der Touristen zu placieren. Diese Situation erfordert einige Gruppendisziplin. Sie können viel Zeit und auch viel Geld darauf verwenden, Kunstwerke zu kaufen. Aber die Frage ist, warum Sie in diesem Land sind; sicherlich nicht, um Künstlerkolonien zu entdecken, wie gut sie auch sein mögen. Sie suchen das biblische Israel, und es gibt an diesem siebten Tag noch viel zu sehen. Sie müssen sich also für eines von beidem entscheiden!

Wir wenden uns jetzt dem nördlichsten Zipfel Israels zu, wobei wir unter drei Routen wählen können. Eine Straße führt zunächst nach Nordwesten, ermöglicht dann ein Abbiegen nach Norden und verläuft nahe der libanesischen Grenze. Wir können auch – wie ein Blick auf die Karte zeigt – über Hazor auf einer Hauptstraße nach Norden fahren, die näher am oberen Jordan verläuft. Eine dritte Route läßt uns bei Hazor abzweigen, nach einiger Zeit den Jordan überqueren und auf einer Straße weiterfahren, die dichter an den Golan-Höhen liegt. Es ist schade, daß Hazor, die große kanaanäische Festung, die Josuas Weg blockierte, nicht in unser Programm aufgenommen werden kann, aber wir werden ja noch Megiddo sehen, eine ähnliche Festung.

Welche Straße wir auch immer nach Norden wählen, wir werden das schwarzerdige Hula-Becken berühren oder überqueren. Der Hula-See bestand bis in die Fünfzigerjahre, um ihn herum war Sumpfgebiet. Ein umfassendes Trockenlegungsprogramm veränderte die Landschaft völlig. Der ganze Talboden besteht jetzt aus fruchtbarem Farmland mit Fischteichen dazwischen.

Hula-Tal

In der Nähe der libanesischen Grenze überquert man den lebhaften, sauberen kleinen Dan-Fluß. Wir verstehen nun, was mit dem Begriff »von Dan bis Be'er Sheva« gemeint ist: Die äußerste Ausdehnung Israels von Norden nach Süden. Der Hermon, den man besser sehen kann, wenn wir die Golan-Höhen hinauffahren, speist mit seinem Schnee den Dan ebenso wie die Hauptquelle des Jordan, die sofort ins Auge fällt, wenn wir Banyas errei-

Dan

Banyas (Cäsarea Philippi)

chen. Hier lag Cäsarea Philippi, eine von Herodes I. gegründete Stadt, aber durch den Sohn des Herodes, den Tetrarchen Philipp, so erweitert und verschönert, daß man es Philipps Cäsarea nannte, um es leichter von Cäsarea Maritima, der römischen Garnisonsstadt an der Küste, unterscheiden zu können.

Cäsarea Philippi, etwa 80 km südwestlich von Damaskus, liegt im Hügelland am Fuß des Hermon. Es besitzt die größte der vier Jordanquellen. Wir wollen der Versuchung nachgeben, eine der großartigen Passagen von Sir George Adam Smith zu zitieren, die seine »Historische Geschichte des Heiligen Landes« zu einer so reizenden Lektüre machen. Bei der Beschreibung dieser Stelle spricht er von »einer tiefen Schlucht, durch die ein ungestümer Fluß tost... Eine alte römische Brücke führt hinüber... Durch ein Gewirr von Baumgestrüpp und Farn öffnet sich plötzlich der Blick auf eine hohe Felswand... In der Felswand ist eine Höhle; ein Teil des Gesteins ist herabgestürzt, und aus dem Schutt der Felsbrocken und dem Schotter sprudelt auf einer Länge von 10 m ein richtiger Fluß. Die Stelle ist ein richtiges Wasserheiligtum. Wenn Sie sich seinem Zauber aussetzen, werden Sie verstehen, warum die frühen Semiten die Baalim der unterirdischen Gewässer verehrten, noch ehe sie ihre Götter in den Himmel erhoben und ihnen für den Regen dankten...«

Die Stelle ist heute weniger bewachsen und verschlungen, aber die Schönheit des Jordans, der aus einer ziegelroten Höhle in den Klippen des Terracotta-Gesteins hervorbricht, ist eine der schönsten Ansichten in Israel. Als die Griechen nach Alexanders Eroberungen in das Gebiet eindrangen, bereit, dem Gott des Wassers zu dienen, gründeten sie ein Pan-Heiligtum und nannten die Gegend Panias; jetzt heißt es Banyas, da die arabische Zunge kein »P« aussprechen kann.

Hierher brachte Jesus seine Männer zur letzten Unterweisung (Matth. 16, 13-20). Die Verklärung mag auf einem der angrenzenden Hänge des Hermon geschehen sein. Jesus kann unmöglich 65 km nach Süden gereist und dann zurückgekehrt sein, wie es die konkurrierende Stelle in Galiläa, der Tabor, erfordern würde.

In den Fels eingemauert, aus dem der Jordan so stürmisch entspringt, ist ein Teil der Rückwand des Paneion, des Pan-Tempels. Unwillkürlich denkt man an das Wort Jesu, an dieser Stelle gesprochen: »Du bist Petrus (Petros), und auf diesen Felsen (Petra) will ich bauen meine Gemeinde.« Das wird durch die große Felswand bemerkenswert illustriert.

Jeder israelische Führer wird Ihnen die Überreste der zerbombten Rohrleitung zeigen, mit der die Syrer vor 1967 geplant hatten, das Wasser der Banyas-Quelle einzufassen und es in den Litani hinüberzuleiten, wo es nutzlos ins Meer fließen sollte. Dann wäre der See Genezareth der langsamen Verschmutzung durch seine eigenen Salzquellen überlassen geblieben. Er wäre für die künstliche Bewässerung unbrauchbar geworden. Das war einer der vielen Anlässe, die zum bewaffneten Zusammenstoß vom Juni 1967 führten.

Wir sind so weit von Jerusalem entfernt, wie man es in Israel sein kann. An der Straße südwestlich von Cäsarea Philippi erreichen wir den höchsten Punkt unserer Fahrt, Masada. Der Name bedeutet wahrscheinlich das gleiche wie der der Festung, die wir am Toten Meer gesehen haben. Wir kommen hier bei einem merkwürdigen Kratersee auf eine Höhe von 990 Metern. Der Jordan entspringt aus dem Fels in einer Höhe von 345 Metern. Das Wort »Jordan« bedeutet »der Hinunterfließende« – und es geht tatsächlich weit hinunter: unter den Meeresspiegel bereits in Galiläa und noch weit tiefer beim Einfluß in das Tote Meer.

Masada

Wir sind nun auf dem Weg zu den Golan-Höhen und folgen der Vormarschstraße an diesem Teil der Front von 1967. Bei dem schnellen Wechsel der Ereignisse mag es erlaubt sein, lieber einen Aufstieg zu beschreiben, den ich dieses Jahr gemacht habe, als Hinweise zu geben, die schnell nicht mehr aktuell sein können. Der Zugang zu den Höhen könnte wieder geschlossen werden.

Golan-Höhen

In Banyas hatten wir Sonnenschein. Aber das Wetter wurde wieder unfreundlich, als wir den kahlen Hängen des Golan näherkamen. Auf der andern Talseite wurde eine steile Felswand von den Ruinen eines Kreuzfahrer-Bergfrieds gekrönt. Die eingefallenen Mauern berührten den zerfetzten Rand der Regenwolken. Tief in der Schlucht war ein langer dünner Wasserfall, im Nahen Osten ein seltener Anblick.

An einer Wegkreuzung lag das Wrack eines großen russischen Panzers, dort, wo ihn die zurückweichenden Syrer 1967 im Stich lassen mußten. Sein Geschützrohr wies stumm zur libanesischen Grenze. Wir folgten der kurvenreichen Straße hinauf zum nördlichsten Punkt. Der Hermon wurde sichtbar, noch mit Schnee bedeckt, und ein Wegweiser – ein weiterer ungewöhnlicher Anblick in diesen Ländern – wies den Pfad »zu den Skihängen«. Die Spitzen des Hermongebietes verschwanden in Regenschauern.

Der Nordwind brachte eine durchdringende Kälte zu den Bunkern, in denen die israelischen Soldaten, in ihre Winterkleidung gehüllt, Wache hielten. Wir gingen weiter bis zu den Stellungen der Vereinten Nationen – auch nicht komfortabler gebaut – und schauten über die kahlen und leeren Felder, wo wenige hundert Meter entfernt die syrische Fahne die feindliche Kampflinie anzeigte.

Es war so etwas wie eine Pilgerfahrt –, die Fahrt hinauf zum Rand von Quneitra, und so hatten es unsere Gastgeber haben wollen. Die Spannung lockerte sich, als wir wieder in die besiedelte Ebene hinabkamen.

Der kalte Wind erstarb. An der Brücke über den noch schmalen Jordan hatte ein Soldat im Kampfanzug mit einer Gruppe von Jungen und Mädchen gerade einen Fisch an Land gezogen. Und vom Westen her klärte sich das Wetter auf. Als wir um das Nordende des Galiläischen Sees fuhren, brach ein Sonnenstrahl durch und beleuchtete die Bucht bei Kapernaum.

Es gehört schon einige Disziplin dazu, am späten Abend noch das Reise-Tagebuch für einen Tag zu schreiben, der so reich an Informationen und Sehenswürdigkeiten war. Aber halten Sie auch in diesem Stück durch!

Bild rechts: Steine des Pan-Tempels in der Felswand, aus der bei Banyas eine der Jordanquellen fließt.

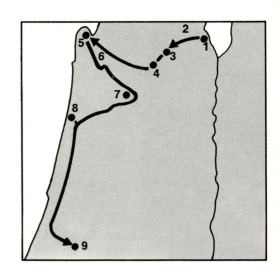

Achter Tag

① Tiberias – ② Hittim – ③ Kana – ④ Nazareth – ⑤ Haifa – ⑥ Karmel –
⑦ Megiddo – ⑧ Cäsarea – Lod

Von Tiberias nach Nazareth verläuft die Straße etwas südwestlich. Der Blick auf den See weitet sich, wenn Sie die steilen Hänge hinter der Stadt hinauffahren, auf denen neue Stadtbezirke wachsen. Schauen Sie noch einmal genau hin: Es wird Ihr letzter Blick auf die berühmteste Wasserfläche der Welt sein. Der nächste Punkt mit biblischem Hintergrund ist Kafr Kanna, das biblische Kana. Über die Stelle, an der Christus den Sohn eines Edelmannes von Kapernaum heilte (Joh. 4, 46-54) und wo das Hochzeitswunder geschah, ist man sich nicht einig. Hier, sieben Kilometer vor Nazareth an der Straße, auf der wir nun reisen, ist eine durchaus denkbare Stelle für die Ereignisse von Joh. 2, 1-11. Es gibt dort reichlich Wasser, und Ausgrabungen haben die Existenz einer alten Siedlung bestätigt.

Kafr Kanna (Kana)

Erinnern wir uns an die beiden Ereignisse, beide von Johannes berichtet! Es gibt in der Übersetzung von Johannes 2 einen Fehler, der korrigiert werden sollte. War Christus bei der Hochzeitsfeier in Kana schroff gegen seine Mutter? »Weib,« sagt er in der Lutherübersetzung, »was habe ich mit dir zu schaffen? Meine Stunde ist noch nicht gekommen.« Der griechische Ausdruck für »was habe ich mit dir zu schaffen« bedeutet wörtlich: »Was dir und mir?« Ohne Frage tauchen diese Worte in der Geschichte des Johannes auf. Aber es ist durchaus denkbar, daß Johannes eine aramäische Wendung übersetzte, deren Sinn lautete: »Was bedeutet das für dich und mich?« Maria kommt zu Jesus. »Sie haben keinen Wein«, flüstert sie. Er erwidert: »Was bedeutet das für dich und mich? Meine Stunde«, so fügt er hinzu, »ist noch nicht gekommen.« Das heißt doch: »Wenn ich bei einem Fest bin, wird es keinen solchen Unfall geben.« So kann sie getrost zu den Dienern sagen: »Was er euch sagt, das tut.«

Sehen Sie sich auch die Heilungsgeschichte zwei Kapitel weiter im Johannesevangelium an. Die Folge von Ereignissen, die das Thema der Kapitel 3 und 4 bilden, endet mit der Geschichte eines verzweifelten Mannes. Er war Offizier am Hof des Herodes und in seiner gesellschaftlichen Stellung weit entfernt sowohl von Nikodemus wie auch von der namenlosen samariti-

Bild rechts: Modernes Farbfenster in der »Basilika der Verkündigung« in Nazareth.

schen verstoßenen Frau in den beiden Gesprächen. Von persönlichem Kummer überwältigt, suchte er mit Dringlichkeit die Hilfe Christi. Aber der Mann aus Kapernaum wurde auf die Probe gestellt, zunächst durch offensichtliche Zurückweisung und dann mit einer Antwort, die seinen Erwartungen entgegenstand. Der Herr rief ihn zu einem Glaubensschritt. So handelt er immer: indem er uns an der Stelle anspricht, wo wir es fassen können, und uns zur entscheidenden Antwort ruft – niemals über das hinaus, wozu unser Geist sich erheben kann.

Nazerat (Nazareth)

Den ersten Blick auf Nazareth hat man von der Bergeshöhe herab. Es ist ein Ort, der im Alten Testament nicht erwähnt wird, aber im Neuen Testament wichtig genug ist als der Ort der Kindheit und Jugend unseres Herrn. Er selbst wurde Nazarener genannt (Matth. 2, 23), später auch seine Jünger (Apg. 24, 5). Wichtigster Blickpunkt ist die Basilika der Verkündigung. Es ist das größte Kirchengebäude im Nahen Osten und steht angeblich an der Stelle, an der sich Josephs Zimmerwerkstatt befand. Die Kirche ist modern und kann zu Gunsten zweier alter Stätten vom Reiseplan gestrichen werden.

Unter den beiden alten »heiligen Stätten« ist zunächst der Brunnen Marias mit seiner Quelle innerhalb der griechisch-orthodoxen St. Gabriels-Kirche. Sie liegt außerhalb des Zentrums an der Straße von Tiberias. Es ist ein freundliches kleines Gebäude. Wenn dies die Wasserversorgung des alten Nazareth war, dann ist daraus zu schließen, daß es sich um einen kleinen Ort gehandelt haben muß, was wahrscheinlich auch der Fall war. Einen Eindruck des alten Nazareth bekommt man dann in der Altstadt, die heute Israels größte arabische Stadt ist mit etwa 35000 Einwohnern. Über 20000 Juden wohnen an den Hängen der Hügel, die sich um das Becken erheben, in dem Nazareth liegt.

Aber nun wollen wir uns der Geschichte zuwenden. Nach 30 Jahren mochten sich wohl nur noch wenige an die Ereignisse der Zählungsnacht in Bethlehem erinnern – außer Maria, der es gegeben war, »Dinge in ihrem Herzen zu bewahren«. Jesus war jetzt ein Mann – ein Mann aus Nazareth. Er hatte die Werkzeuge des Zimmerhandwerks auf die Seite gelegt und war in Galiläa bekannt geworden durch die außergewöhnlichen Worte, die er sagte, und die Taten, die er vollbrachte.

Dann kam er – wie Lukas berichtet (4, 16-30) – nach Hause und ging in die Synagoge. Sie steht – wenn die Überlieferung stimmt – in einem kleinen Hof. Teile des kleinen, tiefer gelegenen Raumes stammen unzweifelhaft aus dem ersten Jahrhundert. Er ist aus widerhallendem Stein gebaut. Dort griff Jesus nach der Rolle des Jesaja und begann aus dem 61. Kapitel zu lesen.

Als er die Rolle dann schloß, »sahen aller Augen in der Synagoge auf ihn«. Das könnte damit zusammenhängen, daß er in der Mitte eines Satzes die Lesung abbrach. Er war gekommen, so las er, »zu verkündigen das Gnadenjahr des Herrn«. Jeder wußte, daß der Vers weiterging: »und einen Tag der Vergeltung unseres Gottes« (Jes. 61, 1. 2).

Was wollte er damit sagen? Wohl doch dies, daß die »Gute Nachricht«

Bild rechts: Blick über Nazareth, im Hintergrund die Esdrelon-Ebene. Im Vordergrund die »Basilika der Verkündigung«.

116

noch zu hören und zu beantworten war – daß es noch Zeit sei, Leben und Glauben in Ordnung zu bringen, seinen Messias als einen freundlichen Besuch der Barmherzigkeit und Liebe anzunehmen und nicht den Propheten ihrer rachedurstigen Träume zu erwarten, der flammend herunterfahren, den fremden Besatzer vernichten und das eigene Prestige erhöhen sollte. Noch Zeit? Sie hatten tatsächlich noch fast 40 Jahre Zeit bis zum großen Aufstand, jener Katastrophe, ausgelöst durch Männer der Gewalt, die eifersüchtig auf ihre Rechte als auserwähltes Volk Gottes bedacht waren.

Die Antwort in Nazareth war feindlich. Er war nur »der Zimmermannssohn«. Mit Würde schritt er durch die Menge, die ihn vom Berghang hinabstürzen wollte, und kehrte niemals zurück. Der sogenannte »Berg des Abgrunds« ist ein nackter, steiler Fels, der die Esdrelon-Ebene überragt.

Die Leute von Nazareth hatten 40 Jahre Zeit. Und wir?

Haifa

Eine Straße von der Ebene unterhalb Nazareths verläuft nach Westen zu Israels Haupthafen Haifa. Leider können wir keine Zeit in modernen Städten verbringen, obwohl der Stadthafen von Haifa ein sehenswerter Ort ist. Wir sollten uns auf die herrliche Aussicht beschränken, die man von der Straßenbiegung aus hat, wo sich die wohlhabenden südlichen Vororte von Haifa an den steilen Hängen des Karmel hinaufziehen. Der große Tempel der Baha'i-Religion erhebt seine silberne Kuppel auf halber Höhe. Tief unter uns liegt der Hafen, künstlich wie jede Schiffsanlegestelle dieser umbrandeten und offenen Küste. Der Karmel, mehr ein Gebirge als ein Berg, verläuft von Südosten nach Nordwesten und schiebt hier einen 150-Meter-Pfeiler beinahe bis ins Meer vor. Auf diesem Pfeiler stehen Sie und schauen nach Norden über den Hafen. Das kahle Vorgebirge lieferte Jeremia eine gute Illustration. Die Vorherrschaft von Babyloniens Nebukadnezar über die rivalisierenden Ägypter, sagte der Prophet, sei gleich dem »Karmel am Meer« (Jer. 46, 18).

Karmel

Der Blick nach Norden über die Stadt hinweg ist in der Tat überwältigend. Wenn es klar ist, kann man den Lichtschimmer auf der Spitze des graziösen Minaretts der Moschee von Akko erkennen, einer Kreuzfahrerfestung, die Richard Löwenherz von Saladin zurückeroberte, als ein weiterer Kreuzzug stattfand, um Hittim zu rächen.

Hittim

Keren HaKarmel (Muhraqa)

Zwei Straßen führen nach Süden, nach Megiddo. Eine folgt dem Kishon-Fluß, am östlichen Fuß des Karmelgebirges, das die westliche Begrenzung der Esdrelon-Ebene bildet. Eine andere bringt direkt über die Höhen des Karmel durch Drusendörfer wie Isfiya zum Karmeliter-Kloster auf den höchsten Gipfel. Manche Reiseführer versuchen ihren Touristen die Kammstraße auszureden: Sie koste viel Zeit und bringe nicht viel. Aber es lohnt sich durchaus, das Kloster und die Stätte des Kampfes zwischen Elia und den Baals-Priestern in Muhraqa – hebräisch: Keren HaKarmel – aufzusuchen.

Bild links: Blick vom Karmel nach Nordosten. Ganz im Hintergrund der schneebedeckte Gipfel des Hermon.

Das Kloster in seiner Behäbigkeit scheint nicht ganz mit der dynamischen Statue auf seinem Gelände übereinzustimmen, die Elia darstellt, der das abgeschlagene Haupt eines Baals-Priesters emporhält. Vom Dach aus hat man einen wunderschönen Ausblick in alle Himmelsrichtungen. Aber hundert Meter Kraxelei zum östlichen Bergrand durch Niederwald und Buschwerk bringen Sie zur Opferstätte und damit zu einer noch großartigeren Aussicht über das Land. Weit im Nordosten liegt hinter der Ebene von Esdrelon Nazareth. Die Ebene ist ein Mosaik aus braunem Boden, goldenen oder grünen Früchten und dunklen Orangenhainen. Ehemaliges Sumpfland wurde mit Energie und Unternehmungsgeist in üppiges und fruchtbares Land verwandelt. Eine Reihe von Weidenbäumen 300 m tiefer kennzeichnet den Verlauf des Kishon-Flusses.

Elia lebte in Höhlen auf dem Karmel, wie andere von den frühesten Tagen der Menschheit her gehaust haben – der Karmel ist für den Prähistoriker ein ergiebiges Jagdgebiet. Unter einigen verkrüppelten Dornbüschen gibt es dort eine Wasserquelle. Hier trug sich eine der dramatischsten Geschichten des Alten Testamentes zu...

Es gab viel Böses im ganzen Land. Von dem berechnenden Omri als Braut für seinen Sohn Ahab ausgewählt, hatte Isebel, die Prinzessin aus Tyrus, in ihrem Gefolge den phönizischen Baal, den Sturm- oder Sonnengott, mitgebracht. Aus dem Geschehen auf dem Karmel wird erkennbar, daß sich wilde und blutrünstige Bräuche rings um den importierten Kult rankten. Die

Bild unten: Ein Druse mit seiner Frau auf dem Karmel.

Bild oben:
Ein kanaanitischer Altar, in Megiddo ausgegraben.

Fruchtbarkeitsriten, eine dunkle Grundlage vieler alter Religionen mit ihrer »heiligen Prostitution« und vielfältigen Sinnlichkeit, konkurrierten mit der reinen Anbetung Gottes. Kinderopfer waren im Land bekannt (1. Kön. 16, 34), wie Hiëls schändlicher Wiederaufbau Jerichos auf den gemordeten Leichnamen seiner Söhne zeigt. Baal hatte Isebel zu dem gemacht, was sie war, und Isebel formte Ahab (1. Kön. 16, 33; 21, 25).

Es gab eine große Dürre, und die Früchte des Landes verbrannten in der Hitze. Und das waren die Haupterzeugnisse, mit denen Israel für die Luxusgüter zahlte, die aus Tyrus kamen. Israel mußte die Lektion lernen, die die Welt heute wieder neu begreifen muß: daß Wohlstand zerbrechlich ist und daß es in der Natur Kräfte gibt, die allen Aktivitäten des Menschen spotten.

Elia erschien und wählte für eine Kraftprobe den hochragenden Hang des Karmel. Geschichte lag ihm zu Füßen. Dort unten war die Gegend von Gideons Sieg. In weiter Ferne im Osten lag der Höcker des Berges Gilboa, wo Saul und Jonathan bei dem vergeblichen Versuch fielen, das Vordringen der Philister aufzuhalten. Israels Gott hatte nicht aufgehört, seinem Volk Gutes zu tun. Aber Baal wetteiferte um den Vorrang. Das Land, sagte Elia, »hinkte zwischen zwei Göttern«. In solchen Zeiten kommt für den einzelnen und das Volk zugleich einmal ein Augenblick der Entscheidung.

Das aber schildert die lebendige Geschichte von 1. Könige 18. Die Stelle sieht heute wohl kaum viel anders aus als damals. Das Kloster ist an der Opferstelle nicht mehr zu sehen, und nichts hindert unsere Vorstellungskraft. Stellen Sie sich das vor: Der lärmende Priesterhaufen, der durch sein monotones Singen die Anhänger bis zu dem Punkt hypnotisiert hat, an dem sie in wilder Leidenschaft Leib und Glieder aufritzen. Der rauhhaarige Prophet, der in der Nähe sitzt und über ihr vergebliches Flehen spottet. Ahabs reichgeschmücktes Zelt, der große Rahmen der zuschauenden Menge. Dann der Feuerstrahl und das brennende Opfer... Die Leute huldigen wieder ihrem vergessenen Gott. Schließlich geht Elia im Gebetskampf zur Spitze des Berges, um zu sehen, ob das, was er versprochen hat, wirklich kommen wird. Niemand außer seinem Diener begleitet ihn.

Endlich naht der Regen. Das Wetter kommt vom Westen, und große Kumuluswolken mit spiralförmigen Gewitterwolken, wie der Ballen und Daumen einer menschlichen Hand, verkünden das Kommen der Flut. Ich habe vom gleichen Ort aus dieses Phänomen beobachtet. Der Hebräer von 1. Könige 18, 44 sagt einfach: »wie eines Mannes Hand«. Es ist ein sehenswerter Ort. Wenn die Zeit Sie zwingen sollte, sich zwischen Megiddo und dem Karmel zu entscheiden: wählen Sie den Karmel!

Aber in einer halben Stunde sind wir auch schon in Megiddo. Es war eine Festung der Bronzezeit, bevor sie in israelische Hände fiel. Sie beherrschte einen niedrigen Paß, der den Zugang von der Küste zur Esdrelon-Ebene freigibt. Am Nordende des Passes gabeln sich die Straßen in drei Richtungen: nördlich zur phönizischen Küste und nach Galiläa, nordöstlich zu der Megiddo ähnlichen Festung von Hazor und östlich nach Bet She'an.

Megiddo

So mußte jeder Kriegführende, der nach Palästina eindringen und entlegenere Ziele in Ländern und Gebieten darüber hinaus erreichen wollte, Megiddo halten. Es ist der Schlüssel zum Land. Die ersten Inhaber dieses Ortes vor 5000 Jahren bauten Mauern, die über vier Meter dick waren. Tuthmosis III. mußte Megiddo niederwerfen, als er gegen die Hethiter nach Norden marschierte. Die Israeliten mußten es verteidigen (Josua 12, 21). Während des Bar Kochba-Aufstandes war es das Hauptquartier der sechsten Legion. Denken Sie auch an den guten König Josia, der bei dem vergeblichen Versuch, das Vordringen Pharao Nechos nach Norden an dieser Stelle zu blockieren, sein Leben verlor (2. Kön. 23, 28–30). Ein Bogenschütze tötete Josia mit einem gutgezielten Pfeil. Er starb in Megiddo im Alter von 39 Jahren. Jeremia schrieb für ihn einen Trauergesang (Klagel. 4, 20).

Was können Sie hier lernen? Sicherlich werden Sie die Unmengen von archäologischen Details nicht alle behalten, die in den 70 Jahren seit Beginn der Ausgrabungen zusammengetragen worden sind und die etwas über die Größe der Stadtfestung, ihr enormes Alter und die Einzelheiten der verschiedenen Kulturen offenbaren, die hier Zuflucht und Schutz gefunden hatten. Sie werden – was eigentlich immer vorausgesetzt wird – als Gruppe unter der Leitung eines gut informierten deutschen Reiseleiters und eines ebenso gut informierten israelischen Führers sein. Im Museum von Megiddo wird der Israeli an der Reihe sein und Ihnen die Bedeutung des großen Modells der Ruinenhügel zeigen und was die archäologische Untersuchung erreicht hat. Er ist gewiß schon viele Male dort gewesen und hat es gelernt, die Details anschaulich zu beschreiben und Ihnen von mancherlei anderen Dingen, die Sie in dem kleinen Museum finden, das Wichtigste zu zeigen. Aber überlassen Sie sich nicht dem Empfinden, Sie hätten versäumt, die Einzelheiten der Geschichte zu begreifen. Sie sehen fast im Vorbeigehen die zusammengetragenen Ergebnisse einer Arbeit von mehr als zwei Generationen, geleistet von den besten Archäologen der Welt.

Nach dem Museumsbesuch steigen Sie auf den Hügel und sehen Sie sich einige der Steine an, die die Archäologen erklären. Staunen Sie über ihre Fähigkeit, den durcheinanderliegenden Schutt der Gebäude zu entwirren, zu trennen, in Gedanken zu rekonstruieren, was in den verschiedenen Schichten bis zur Dämmerung der Geschichte zurückreicht. Bemühen Sie sich gleichzeitig mit Ihrer Kamera und Ihrem Gedächtnis wichtige Eindrücke festzuhalten. Schauen Sie auf das fruchtbare Land ringsum, beachten Sie die beherrschende Lage eines Ortes, der immer von kriegerischen, kämpfenden Menschen besetzt war. Wenn so der Rahmen abgesteckt ist, sollten Sie sich zu Hause bemühen, aus Büchern und Artikeln, die Sie in biblischen Nachschlagewerken finden, Ihr Wissen weiter aufzufüllen. Es wäre ein Jammer, wenn das, was Sie gesehen haben, verblassen oder aus Ihrem Gedächtnis verschwinden würde. Erobern Sie die Festung von Megiddo für sich!

Verlassen Sie den Hügel durch den Wassertunnel. Wie in Hazor hat man in der Festung Megiddo tief in dem Fels nach Wasser gegraben. Eine große Grube mit Stufen wird Ihnen gezeigt, auf denen die schwer arbeitenden Frauen ihre vollen Krüge nach oben trugen. In Hazor wird man von einem Entdeckungsabstieg durch den Gedanken abgehalten, daß jede Stufe hinunter wieder mühselig nach oben gestiegen werden muß. In Megiddo – einem noch bemerkenswerterem Produkt der Wasserbaukunst – ist es möglich, in die große Grube hinunterzusteigen, durch einen Wassertunnel zu ebener Erde weiterzugehen und so den Bus zu erreichen, der, während Sie Ihren Weg hinab und hindurch gemacht haben, den Hügel umrundet hat, um an anderer Stelle auf Sie zu warten.

Cäsarea

Jetzt sind wir auf dem Heimweg – es geht hinunter zur Küstenebene nach Cäsarea. Wenn man sich von Norden nähert, ist das große Aquädukt, das Cäsarea vom Karmel her mit Wasser versorgte, das erste Zeichen römischer Baukunst. Eine lange Reihe seiner Bogen erstrecken sich hinter einem schönen Badestrand.

Anders als Megiddo ist Cäsarea eine »moderne« Stadt gewesen – natürlich in dem Sinne, in dem ein solches Wort an jener Küste gebraucht werden kann. Herodes hatte es gegründet und bewies so die Voraussicht, die das Geheimnis seiner doppelbödigen Politik war, indem er starke Bindungen sowohl mit Rom als mit den Juden aufrechterhielt.

Wir haben gesehen, wie der Wind über die Küste hinwegfegt und daß sie ohne natürliche Häfen ist. Es war aber lebensnotwendig, daß die Römer einen Hafen hatten. Joppe jedoch war zu stark mit jüdischer Denkweise und Geschichte verknüpft, als daß es eine sichere und zuverlässige Tür in das Land hätte sein können.

So entstand Cäsarea. Der neue Hafen war nicht mit Geschichte belastet.

Herodes selbst war dort so sicher, wie er es kaum im nationalistischen Joppe gewesen wäre. Er sah der Tatsache mit Gleichmut ins Auge, daß Cäsarea Joppes Handel auf die Dauer ruinieren mußte. Sein künstlicher Hafen war unvergleichlich besser als der Joppes. Die Konstruktion war in der Tat eine technische Meisterleistung. Ein 60 m breiter Wellenbrecher wurde gegen die von Süden anstürmenden Wellen gebaut. Sein Fundament lag 40 m unter dem Wasser und wurde möglich, indem man riesige Kalksteinblöcke ins Wasser senkte. Manche von ihnen sollen die unglaubliche Größe von 15 x 3 x 2,70 m gehabt haben. Sie zu bewegen und zu dirigieren würde alle Hilfsmittel der modernen Ingenieurstechnik erfordern.

Der Küstenverlauf hat sich über die Jahrhunderte verändert, und die Mole liegt heute 50 m vor der Küste. Aber der Hafen ließ für die Stadt selbst wenig Ruhm übrig, und eine Münze des Nero trägt die Inschrift »Cäsarea, beim Hafen des Augustus«. Die römische Garnison – 3000 Mann stark – hatte dort ihr Hauptquartier. Kornelius, der Petrus in Joppe suchte, war der kommandierende Offizier einer Auswahlkompanie der Streitkräfte und selbst typisch für die guten Offiziere, die Rom gewöhnlich für die schwierige militärische Aufgabe in ihrer unruhigsten Provinz wählte. »Cäsarea«, sagt Tacitus, »ist

Bild unten: Der römische Aquädukt, der einst das Wasser vom Norden nach Cäsarea leitete.

die Hauptstadt von Judäa« – und so schien es für einen Römer zu sein. Mitten in dem Unruheherd Palästinas blieb Cäsarea sicher und unbehelligt. Hier fand der letzte Herodes, Agrippa II., Zuflucht und beobachtete den Untergang seines Landes, als der Sturm des großen Aufstandes über das Land raste. Hier war Paulus zwei Jahre lang sicher, während seine Prozesse unter zwei Prokuratoren Judäas langsam zu ihrem Abschluß kamen.

Cäsarea war natürlich mehr als ein Hafen. Es war eine römische Stadt, deren Bau 12 Jahre gedauert hatte. Es gab dort eine Rennbahn, Plätze für öffentliche Versammlungen, ein Theater (das restauriert worden ist) und eine Kanalisation, die von römischer Ingenieurkunst zeugt. Hier konnte sich kein Jude zu Hause fühlen.

Wenn Sie Cäsarea betreten, dann beachten Sie innerhalb des Haupttores die Nachbildung eines Steins, der den Namen des Pilatus trägt und entdeckt wurde, als das Theater ausgegraben wurde. Sie können die mittleren Buchstaben von PONTIVS PILATVS und IBERIEVM D.D.D. entziffern. Das bedeutet »Pontius Pilatus gab, schenkte und weihte Tiberias einen Tempel.«

Vom Hauptquartier des Pilatus, in dem Paulus später zwei Jahre lang unter Hausarrest lebte, konnten in Cäsarea keine Spuren gefunden werden. Aber lesen Sie, während die Eindrücke dieses Ortes noch frisch sind, jene Kapitel 23 bis 26 in der Apostelgeschichte, in denen Lukas, der dabei war, das Auftreten des Paulus in Cäsarea beschreibt. Faszinierende Einblicke in die Funktionsweise des römischen Systems werden darin gegeben. Zwei Prokuratoren treten auf, einer davon Felix, ein in der zeitgenössischen Geschichte bekannter Schuft; dazu ein abhängiger König, der humanste der Herodianer. Die Berufung des Paulus auf den römischen Kaiser vereitelt die Aburteilung. Versuchen Sie auch, sich die wachsende Unruhe in diesem Land vorzustellen, in dem eine Eskorte von 470 Mann nötig war, um einen Gefangenen von Jerusalem hierher zu bringen.

Nehmen Sie dann, wenn Sie sich in den verzwickten Überresten der Römer und Kreuzfahrer umgeschaut haben, soviel wie möglich von der Atmosphäre dieses einmaligen Hafens auf. Die Sonne wird sich dem Meer zuneigen, und ihr Untergang kann goldener Glanz für alle sein, die jetzt gerade von dieser historischen Küste, an der Weltgeschichte gemacht wurde, zuschauen...

Es bleibt uns nun nur noch die gerade Strecke nach Süden – an Tel Aviv vorbei zum Flughafen Lod, an dem wir vor acht Tagen ankamen – acht sehr ausgefüllten Tagen.

Doch Ihr aufregendstes Erlebnis in Israel haben Sie erst, wenn Sie in Ihr Flugzeug steigen wollen. Ihr Gepäck wird durchsucht; Sie selbst werden visitiert – seien Sie geduldig! Israel, das Ziel von so viel Haß und Verbrechen, versucht einfach sicherzustellen, daß Sie eine gute Heimreise haben. Werfen Sie einen letzten Blick aus dem Flugzeug. Schauen Sie auf die gerade, klare Küstenlinie, die sich nach Ägypten hinunter und zum Libanon hinaufwindet, und sprechen Sie ein Fürbitte-Gebet, daß Jesajas alte Vision des Friedens (2, 2–5) Wahrheit werden mag.

Nachwort

»Deo sit laus« – »Gott sei gepriesen«, schrieb Pater Felix Fabri auf Lateinisch, als er die Geschichte seiner Reise in die Heilige Stadt beendet hatte, »die Pilgerfahrt nach Jerusalem ist vorbei.« Auch Ihre acht Tage sind vorbei. Der Pilger mag mächtig erschöpft sein. Aber das Einsammeln eines guten Schatzes ist ein mühseliges Geschäft, woraus der Schatz auch immer bestehen mag. Der Besucher in unserer Zeit kann mit der Befriedigung abreisen, daß er mehr gesehen hat als die meisten seiner Vorfahren auf solch einer Reise – von den Besucherströmen im 15. Jahrhundert, besonders bevor die Türken 1453 Konstantinopel einnahmen, bis zu dem Reiseschriftsteller Ludwig Schneller, der vor einem halben Jahrhundert das Heilige Land für den Deutschen lebendig machte.

Ein weiterer Kontrast und eine zweite Befriedigung liegt darin, daß, wenn man einmal durch die Metalldetektoren im Ben-Gurion-Flughafen in Lod hindurchgeschritten ist und die ganzen Kontrollen überstanden hat, die Heimreise keine Qual mehr bereitet. Die Pilgerschiffe von Venedig, von denen Felix Fabri in seinem Buch schreibt, gibt es nicht mehr. Hatte man bereits auf dem Hinweg die Schlafdecks mit ihrem Gestank, die Läuse und sonstiges Ungeziefer und die Unarten der Mitpilger überlebt, dann mußte die Rückreise eine Aussicht sein, die jede Begeisterung dämpfte, die durch die Heiligen Stätten des Landes entstanden sein konnte.

»Suchen Sie einen Platz auf der obersten Stufe«, empfahl der Schreiber des anonymen Buches, das Wynkyn de Worde für Pilger druckte, kurz nachdem Fabri sicher heimgekommen war. »Denn in der untersten Ebene ist es übel, schwelend heiß und stinkend...« Und dann blieben die Straßen übrig und die vielfältigen Gefahren, von denen Paulus, der größte Reisende von allen, den kritischen Korinthern eindrucksvoll schrieb (2. Kor. 11, 25.26). Es blieben die Pässe und die Gasthäuser, wenn die schlingernden Galeeren schließlich im Hafen angekommen waren und der Pilger an Land ging, mit dem restlichen Gold in der Tasche oder im Gürtel, das Habgier, Almosen und Gewalttätigkeit übriggelassen hatten.

Heute kann der Reisende von Lod aus in einem Tag die halbe Welt durchmessen – in seinem Herzen ein »fünftes Evangelium«. Dieser Begriff stammt von einem Franzosen namens Ernest Renan. Er war ein bekannter Hebraist und liberaler alttestamentlicher Gelehrter im 19. Jahrhundert, der aber den Einfluß der Historie Palästinas so stark empfand, daß seine Worte in wunderschönem Französisch immer noch bewegend sind; bei allem Rationalismus, der seinen Zugang zur Bibel hinderte.